LE CHIOT MALINOIS

François Kiesgen de Richter

SOMMAIRE

1 — MISE EN GARDE

Sachez qu'en faisant l'acquisition d'un chiot, vous en encouragez le mode d'élevage. Un chiot a des besoins physiologiques et psychologiques. Les parents du chiot doivent avoir été dépistés des tares génétiques et des maladies obligatoires. Un chiot doit avoir des parents inscrits au LOF, car les accouplements par hasard d'une rencontre ne garantiront jamais les spécificités d'une race. Les éleveurs agréés par le Club français du chien de berger belge garantissent la continuité de la race, ce sont leurs préoccupations essentielles. Votre choix n'est pas anodin.

Plusieurs approches existent pour éduquer votre chien. Souvent, l'éducation repose en partie sur le principe de la punition pour faire comprendre au chien à quel moment il se comporte mal. Les résultats sont rapides, mais cette éducation produit de mauvais conditionnements. Le chien réagit comme un automate, il est souvent dangereux ou craintif.

Des chiens sont souvent frappés et parfois fouettés. C'est tout simplement inacceptable. Et il est encore plus inacceptable que certains juges de ring osent les termes suivants : « *Bien sûr, il existe des brutes épaisses comme dans tous les milieux, mais la meilleure preuve que leurs chiens sont bien traités est qu'ils obéissent. Sinon ils se retourneraient contre leur conducteur* ». Pour toutes les associations, comme One Voice, la SPA, la CFCBB, c'est le principe même des méthodes d'éducation violentes pour rendre les chiots agressifs qui sont inexcusables.

Ma méthode est d'utiliser le renforcement positif. Et donc de tirer parti de toute l'intelligence du chien. Que nous la nommions, « méthode moderne » ou « méthode douce » ou « méthode positive », c'est la même philosophie !

2 — LE BERGER BELGE MALINOIS

Il existe quatre variétés de bergers belges, qui sont : le groenendael à poil long noir, le malinois à poil court fauve et « charbonné », le tervueren à poil fauve avec des traces de « charbonnés » et le laekenois au poil dur fauve avec des traces de « charbonné ». Le club de race est le Club français du chien de bergers belges affilié à la Société Centrale Canine.

Le malinois est le plus sportif et le plus réactif des bergers belges, il a un caractère équilibré, s'éduque aisément et a une extraordinaire faculté d'adaptation. S'il n'a l'air de rien, il est capable de tout, le malinois est le chien de toutes les disciplines utilitaires. Il ne sera jamais un chien à la mode, mais il sera toujours le fidèle compagnon du professionnel et de l'amateur sportif.

Il est polyvalent et rustique, sait travailler, mais aussi être un formidable chien de compagnie. Une bonne éducation sera sa seule exigence. Cela créera le rapport de confiance et de respect réciproque. Mais, avant de choisir un malinois, il est indispensable de connaître votre futur compagnon. Sa réputation de chien de sport et de chien de police incorruptible ne doit pas faire oublier que le malinois est surtout un vrai compagnon de l'homme. Il vit pour sa famille. De simples clins d'œil, la plus petite demande vocale, le moindre geste sont immédiatement interprétés comme des occasions de communication d'une grande intensité. Tous les propriétaires ne peuvent pas prétendre avoir un malinois, car ce chien a des exigences de complicité et d'activité. Chien à fort tempérament, le malinois demande un propriétaire qui saura l'éduquer fermement tout en respectant sa sensibilité, il va de soi qu'il lui faut un propriétaire énergique. Actif, vif, un malinois est un chien dynamique qui ne peut se satisfaire d'une vie tranquille pour garder le jardin. Et encore moins pour garder l'appartement en descendant deux fois par jour. Il vit à 100 à l'heure et son propriétaire devra suivre. Une bonne éducation sera sa seule exigence et il créera avec son propriétaire un rapport de confiance et de respect réciproque.

Le malinois est très attentif, très vigilant, et son courage n'est pas une légende, cela en fait l'un des meilleurs chiens de garde. Il est très vif pour faire face à une intrusion. Il est sociable, équilibré, joueur, joyeux. Avec les enfants, c'est un compagnon patient. Il aime jouer et vos enfants apprécieront.

C'est un chien à fort tempérament, pour parvenir à le rendre parfaitement équilibré il lui faudra un propriétaire qui saura l'éduquer avec respect tout en tenant compte de sa sensibilité. C'est un grand émotif malgré son air rustique. Il demande beaucoup d'amour, mais aussi de la fermeté.

Il est musclé, son endurance et sa sportivité sont à toute épreuve, comme tous les bergers belges d'ailleurs. Le malinois apprend très vite, il a toujours et envie de très bien faire. Il faudra le canaliser, car il est très réactif aux ordres. Il est le compagnon parfait de l'amateur averti et du professionnel. Attention toutefois à ne pas s'imaginer que le malinois apprend seul. Il peut faire de grandes choses, mais ce sera toujours avec son propriétaire ou son conducteur dans le milieu professionnel.

3 — LES ORIGINES DU MALINOIS

Le berger belge a pour sa famille une grande affection, un dévouement total, et sait faire preuve de beaucoup d'abnégation. Que votre chien soit à poil long comme le groenendael et le tervueren, ou à poil court comme le malinois, ou à poils bouclés comme le laekenois, il reste un chien de berger belge et il exprimera à merveille deux qualités : celle de défenseur de la propriété et celle de chien de famille. Le chien de berger belge est toujours à l'écoute, son expression est douce, sa capacité de réaction sera fulgurante, mais toujours contrôlée. Il est l'ami des enfants. Il est un excellent chien de concours, car il écoute, et aime apprendre. Il vous faudra néanmoins vous investir dans son éducation très tôt.

Il est important de connaître l'origine du chien pour comprendre son comportement, et c'est encore plus vrai pour le malinois.

Le chien est avant tout un animal avec des comportements issus de son parcours génétique, il a des besoins spécifiques, en tenir compte vous permettra de mieux appréhender son éducation. La domestication du chien est intervenue longtemps avant celle de toutes les autres espèces domestiques actuelles. Elle précède de plusieurs dizaines de milliers d'années la sédentarisation et l'apparition des premières fermes agricoles.

Les chiens sont issus du loup gris (Canis lupus) domestiqué à plusieurs endroits du monde.

L'identité exacte de l'ancêtre du chien a longtemps été un mystère. Des scientifiques subodoraient que les chiens provenaient d'un croisement entre des loups et des chacals.

Les progrès récents ont finalement permis d'établir que le chien est plus proche génétiquement du loup avec lequel il partage 99,9 % de son ADN.

En 1997, une comparaison de génome sur 300 échantillons appartenant à la lignée des chiens domestiques actuels et à la lignée des loups gris a montré que les lignées s'étaient séparées il y a 35 000 ans.

Le loup de Taïmyra est à l'origine de la séparation entre le loup et le chien. Il y a 27 000 ans, cette séparation devint totale.

La relation entre humains et canidés sauvages est très ancienne. Des restes de loups ont été retrouvés en association avec ceux d'hommes il y a 400 000 ans. Les chasseurs-cueilleurs et les loups avaient plusieurs points communs : ils appartenaient à des espèces sociables, ils partageaient le même habitat et ils se nourrissaient des mêmes proies.

Des études ont montré que les louveteaux capturés et élevés par des hommes s'apprivoisaient et se socialisaient facilement, d'autant plus qu'ils dépendaient des hommes pour leur alimentation.

Pour leur domestication, l'homme fit s'accoupler des loups habitués à vivre près des hommes et commença à en faire l'élevage.

Ainsi naquit le Canis Lupus Familiaris, autrement dit le nom scientifique du chien. Et ce quelle que soit sa race.

L'homme sélectionna les chiens et les croisa en fonction de leurs aptitudes et de leurs physiques : le plus petit avec le plus petit, le plus court sur pattes avec son semblable, le museau le plus plat avec un autre museau plus plat. Mais aussi l'homme tint compte des qualités de performances, et croisa le plus rapide avec le plus rapide, et le plus fort avec le plus fort. Et bien entendu, les poils longs avec les poils longs, la couleur de robe la plus proche avec la couleur de robe la plus proche.

Il est extrêmement important de savoir que tous les ascendants des chiens ont commencé leur existence par une évolution commune et que ce fut en combinant des caractéristiques précises que l'homme obtint les races. Ce fut un travail long, et qui engagea beaucoup de passionnés. C'est pour l'utilité qu'il pouvait en retirer que l'homme définit les races.

Par ailleurs, des groupes de chiens errants ont constitué des populations canines plus ou moins indépendantes de l'homme et distinctes des chiens domestiques. Ils sont toujours restés semi-sauvages. Attention par exemple en Inde où ils pullulent. Ils ne peuvent pas retourner à la vie sauvage et ils ont donc une vie à part et représentent un danger.

Pourquoi est-ce important de comprendre le parcours génétique du chien ? Le loup et le chien ont des comportements identiques, éloignés bien sûr, mais toujours sous-jacents.

En connaissant l'étiologie, vous pourrez affiner votre méthode d'éducation canine. La connaissance des besoins et des instincts est primordiale pour comprendre votre chien.

Il est important de connaître l'histoire du berger belge malinois pour comprendre des réactions.

À la fin des années 1800, on avait en Belgique une foule de chiens conducteurs de troupeaux, dont le type était hétérogène. Les robes étaient d'une extrême diversité. Afin de mettre un peu d'ordre dans cet état de choses, des cynophiles passionnés constituèrent un groupe et se laissèrent éclairer par le professeur A. Reul, de l'École de médecine vétérinaire de Cureghem, que l'on peut considérer comme le véritable pionnier et le fondateur de la race.

C'est entre 1 891 et 1 897 que la race naît officiellement. Le 29 septembre 1891 se fonde à Bruxelles le « Club du chien de berger belge » et la même année encore, le 15 novembre, le professeur A. Reul organise à Cureghem un rassemblement de 117 chiens, ce qui permit d'effectuer un recensement et d'opérer un choix des meilleurs sujets.

Les années suivantes, on commence une vraie sélection, en pratiquant une consanguinité sur quelques étalons. Le 3 avril 1892, un premier standard de race fort détaillé fut déjà rédigé par le « Club du chien de berger belge ». Une seule race fut admise, avec trois variétés de poil. Toutefois, comme on disait à l'époque, le berger belge n'était qu'un chien de petites gens, donc une race qui manquait encore de prestige.

Par conséquent, ce n'est qu'en 1901 que les premiers bergers belges ont été enregistrés dans le livre des origines de la Société Royale Saint-Hubert (L.O.S.H.). Au cours des années qui suivirent, les dirigeants cynophiles de la race des bergers belge se mirent avec ténacité à la tâche pour unifier le type et corriger les défauts.

4 — LE STANDARD DU MALINOIS

Le standard est la norme officielle de la race. Il indique la morphologie et le caractère d'un chien de race. L'origine du berger belge est la Belgique et le standard en vigueur et celui du 13 mars 2000. La classification est dans le groupe 1 des chiens de berger de bouviers « sauf chien de bouviers suisses » et dans la section des chiens de berger avec épreuve de travail. Le berger belge est un chien avec une forme équilibrée, avec un stop marqué. Sur le museau, on constate que les lignes de chanfrein et de front sont égales et parallèles. Le berger belge est harmonieusement proportionné, alliant élégance et puissance, de taille moyenne, de musculature sèche et puissante, qui s'inscrit dans un carré. Le malinois est rustique, habitué à la vie en plein air et bâti pour résister aux variations atmosphériques. Le chien de berger belge este élégant et robuste. La race du malinois est la plus représentée en discipline de travail. Le chien de berger belge est inscriptible dans un carré. La poitrine est descendue à la hauteur des coudes. La longueur du museau est égale ou légèrement supérieure à la moitié de la longueur de la tête. La tête est portée haut, longue sans exagération, rectiligne, bien ciselée et sèche. Le crâne et le museau sont de longueur sensiblement égale, avec au maximum un très léger avantage pour le museau, ce qui donne une impression de fini parachevé à l'ensemble. La région crânienne est de largeur moyenne, en proportion avec la longueur de la tête, à front plus tôt aplati qu'arrondi, au sillon médian peu prononcé et vu de profil, elle est parallèle à la ligne imaginaire prolongeant le chanfrein. La crête occipitale est peu développée. Les arcades sourcilières et zygomatiques ne sont pas proéminentes. Le stop est léger. Pour la région faciale, la truffe est noire, le museau est de moyenne longueur, et bien ciselé. Les yeux s'amincissent graduellement vers le nez, qui est de forme allongée. Le chanfrein est droit et parallèle à la ligne supérieure prolongée du front ; gueule bien fendue, ce qui veut dire que lorsque la gueule est ouverte, les commissures des lèvres sont tirées très en arrière, les mâchoires étant bien écartées. Les lèvres sont minces, bien serrées et fortement pigmentées. Les dents sont fortes et blanches, régulièrement et fortement implantées dans des mâchoires bien développées. Articulé « en ciseaux » ; la dentition « en pince » est celle qui est préférée des conducteurs de moutons et de bestiaux, elle reste tolérée. La dentition est complète, correspondant à la formule dentaire ; l'absence de deux prémolaires n'est pas prise en considération. La queue est bien attachée, forte à la base, de longueur moyenne. Les joues sont sèches et bien plates, quoique musclées. Les yeux sont de grandeur moyenne, les yeux ne sont pas proéminents, les yeux ne sont pas enfoncés, ils sont en forme d'amande et de préférence foncés. Les paupières sont bordées de noir, le regard est direct, vif, intelligent et interrogateur. Les oreilles sont plutôt petites, haut plantées, et nettement triangulaires, bien arrondies, et l'extrémité est en pointe droite et verticale. Le cou est bien dégagé, légèrement allongé, assez redressé, bien musclé, s'élargissant graduellement vers les épaules. La nuque est légèrement arquée. Le corps est puissant sans lourdeur ; la longueur depuis la pointe de l'épaule jusqu'à la pointe de la fesse est approximativement égale à la hauteur au garrot. La ligne du dessus c'est-à-dire la ligne du dos et du rein est droite. Le garrot est accentué. Le dos est ferme, court et bien musclé. Le rein est solide, court, suffisamment large, bien musclé. La croupe est bien musclée et ne s'incline que très légèrement, elle est suffisamment large, mais sans excès. La poitrine est peu large, mais bien descendue. Les côtes sont arquées à leur partie supérieure, le poitrail est peu large, sans être étroit. La ligne du dessous commence au-dessous de la poitrine et remonte légèrement, dans une courbe harmonieuse, vers le ventre. Le ventre est légèrement relevé et modérément développé. Les membres antérieurs présentent une ossature solide. La musculature est sèche et forte. Les antérieurs sont parallèles. L'omoplate est longue et oblique, bien attachée, formant avec l'humérus un angle suffisant, mesurant idéalement 110-115°.

Les bras sont longs et suffisamment obliques. Le coude est ferme. Le code n'est ni décollé ni serré. L'avant-bras est long et droit. Le poignet (carpe) est très ferme et net.

Les doigts sont recourbés et bien serrés. Les coussinets sont épais et élastiques. Les ongles sont foncés et larges. Les membres postérieurs sont puissants, mais sans lourdeur. Les métacarpes sont forts et courts, très peu inclinés vers l'avant. Les pieds sont ronds. La cuisse est de longueur moyenne, large et fortement musclée. Le genou : approximativement à l'aplomb de la hanche. L'angle du genou est normal. La jambe est de longueur moyenne, large et musclée. Le jarret est large et musclé, modérément en angle. Les métatarses sont solides et courts. Les ergots ne sont pas désirés. Les pieds peuvent être légèrement ovales. Les doigts sont recourbés et bien serrés. Les coussinets sont épais et élastiques. Les ongles sont foncés et gros.

À l'allure, le mouvement est vif et dégagé à toutes les

allures : le berger belge est un bon galopeur, mais les allures habituelles sont le pas et surtout le trot : les membres se meuvent parallèlement au corps. À grande vitesse, les pieds se rapprochent du plan médian ; au trot, l'amplitude est moyenne, le mouvement est régulier et aisé, avec une bonne poussée des postérieurs, la ligne du dessus demeurant bien tendue, sans que les antérieurs soient levés trop haut. Sans cesse en mouvement, le chien de berger belge semble infatigable ; sa démarche est rapide, élastique et vive. Il est capable d'effectuer un changement soudain de direction en pleine vitesse ; par son tempérament exubérant et son désir de garder et de protéger, il a une tendance marquée à se mouvoir en cercles.

La peau est élastique, mais bien tendue sur tout le corps ; le bord des lèvres et des paupières est fortement pigmenté.

Les robes et les variétés distinguent les bergers belges, le poil étant de longueur, de direction, d'aspect et de couleur variés. Néanmoins dans toutes les variétés, le poil doit toujours être dense, serré et de bonne texture, formant avec le sous-poil laineux une excellente enveloppe protectrice.

Le groenendael et le tervueren sont des poils longs. Le poil est court sur la tête, la face externe des oreilles et le bas des membres, sauf sur le bord postérieur de l'avant-bras qui est garni, du coude au poignet, de poils longs appelés franges. Le poil est long et lisse sur le restant du corps et plus long et abondant autour du cou et sur le poitrail, où il forme collerette et jabot. L'ouverture du conduit auditif est protégée par des poils touffus. Les poils depuis la base de l'oreille sont relevés et encadrent la tête. L'arrière des cuisses est orné d'un poil très long et très abondant, formant la culotte. La queue est garnie d'un poil long et abondant qui forme un panache. Le malinois est le poil court. Le poil est très court sur la tête, la face externe des oreilles et le bas des membres. Il est court sur le reste du corps et plus fourni à la queue et autour du cou, où il dessine une collerette qui prend naissance à la base de l'oreille, s'étendant jusqu'à la gorge. En outre, l'arrière des cuisses est frangé de poils plus longs. La queue est épiée, mais ne forme pas un panache.

Le laekenois est le poil dur. Ce qui caractérise surtout le poil dur est l'état de rudesse et de sécheresse du poil, qui, en outre, est crissant et ébouriffé. Sensiblement de six centimètres sur toutes les parties du corps, le poil est plus court sur le dessus du chanfrein, le front et les membres. Les poils autour des yeux, et du museau masqueront la forme de la tête. L'existence de la garniture du museau est cependant obligatoire. La queue ne doit pas former un panache.

Le tervueren et le malinois ont un masque qui est très bien prononcé et tend à englober les lèvres supérieures et inférieures, la commissure des lèvres et les paupières, en une seule zone noire. Il est défini un strict minimum de six points qui doivent être noirs : les deux oreilles, les deux paupières supérieures et les deux lèvres supérieures et inférieures.

Chez les tervuerens et les malinois, la couleur « charbonnée » signifie que des poils ont une extrémité noire, ce qui ombre la couleur de base. Ce noir est de toute façon « flammé » et ne peut être présent ni en grandes plaques ni en vraies rayures (bringé). Chez les laekenois, la couleur « charbonnée » s'exprime plus discrètement.

La couleur du groenendael est uniquement noire.

La couleur du tervueren est uniquement le fauve « charbonné » et le gris « charbonné » sous masque noir ; toutefois, la couleur fauve « charbonnée » reste la préférée. Le fauve doit être chaud, sans être clair ni délavé. Tout chien dont la couleur est autre que fauve

— « charbonnée » ou ne répond pas à l'intensité désirée ne peut pas être considéré comme un sujet d'élite.

La couleur du malinois est uniquement le fauve « charbonné » avec masque noir.

La couleur du Laekenois est uniquement le fauve avec traces de couleur « charbonnée », principalement au museau et à la queue.

Pour toutes les variétés : un peu de blanc est toléré au poitrail et aux doigts.

La hauteur au garrot est en moyenne de 62 cm pour les mâles et de 58 cm pour les femelles. Une limite en moins de 2 cm, ou en plus 4 cm est tolérée. Le poids du mâle varie de 25 à 30 kg et celui de la femelle varie de 20 à 25 kg. La longueur du corps (de la pointe de l'épaule à la pointe de la fesse) est 62 cm, la longueur de la tête est de 25 cm. La longueur du museau varie de 12,5 à 13 cm.

Je donne des éléments du standard de 2001 et en aucun cas le standard complet. L'objectif est que vous puissiez juger de votre chien au plus près de la race, les détails permettent de classer entre eux les plus beaux chiens.

Le pedigree ou LOF peut être considéré comme le passeport du chien de race pure. On peut remonter jusqu'à 4 générations avec ce document. En France, c'est la Société Centrale Canine qui gère et délivre les pedigrees.

Le pedigree remplace le certificat de naissance et s'obtient après avoir présenté votre chien à l'examen de confirmation, je conseille à 18 mois pour un malinois.

Lors de l'examen de confirmation au LOF, un juge agréé examine la conformité morphologique de votre chien au standard de sa race et évalue son comportement, puis il vérifie son aptitude à reproduire des chiens de race et à contribuer à l'amélioration de la race. Les mâles doivent avoir deux testicules d'aspect normal complètement descendus dans le scrotum.

L'âge est libre. Si vous avez l'impression que votre chien est encore un peu juvénile, laissez passer quelques mois avant de le présenter. Vous éviterez ainsi un ajournement, que le juge peut demander, pour attendre son épanouissement.

À noter que les confirmations ouvrent un droit d'inscription que vous devez acquitter.

Après la confirmation, vous devrez envoyer le carnet LOF à la SCC.

Le LOF vous donne la certitude de trouver un chien dont les qualités et les attributs sont ceux de sa race. Pour la France, vous trouverez le standard de race en vous rendant sur le site du Club français du chien de berger belge.

L'attestation de vente est obligatoire pour un chien LOF. Ce contrat, signé par le vendeur et l'acheteur, doit mentionner : la date, l'identité du chien, le prix, l'adresse des vétérinaires choisis par les parties en cas de litige. Elle précise l'inscription provisoire ou définitive du chien au L. O. F.

Votre vendeur ayant inscrit provisoirement votre chien au L. O. F. recevra le certificat de naissance qu'il devra vous transmettre.

La puce électronique est obligatoire pour les chiens LOF. L'immatriculation des carnivores domestiques est exigée en France dans un certain nombre de situations : avant la cession (même gratuitement, et même entre particuliers), pour les chiens de plus de 4 mois et au-delà, pour certifier la vaccination antirabique, pour les passages transfrontaliers, etc.

La puce électronique est également précieuse pour retrouver son compagnon en cas de fugue et pour établir qui est le propriétaire de l'animal.

Pour les propriétaires se déplaçant à l'étranger, la puce inclut l'information nécessaire pour identifier le pays d'origine et contacter le bon fichier.

De la taille d'un grain de riz, le transpondeur ou puce électronique est un composant enrobé de verre biocompatible. Il est glissé sous la peau du chien par le vétérinaire, à l'aide d'une forte aiguille. Cet acte médical se réalise, selon le cas, avec ou sans anesthésie.

La lecture s'effectue à l'aide d'un appareil spécifique, promené sur le chien. Le numéro s'inscrit sur un écran à cristaux liquides. Cette vérification sera faite plusieurs fois durant la séance de confirmation. Et à chaque visite de votre chien chez un nouveau vétérinaire. Mais aussi en concours de beauté ou de sport canins.

La durabilité de l'implant est supérieure à la durée de vie de l'animal. L'information qu'il contient est infalsifiable. Le numéro attribué est unique et correspond à un seul animal, sans confusion possible. Les coordonnées du détenteur sont centralisées dans le pays d'implantation, auprès d'un organisme agréé par les autorités locales.

Lorsque le chien est déplacé de manière définitive dans un autre pays, son enregistrement doit se faire à nouveau dans le pays d'accueil.

En France, cet enregistrement s'effectue auprès d'un vétérinaire. Les déplacements courts (vacances) ne nécessitent pas une démarche spécifique.

À l'inverse, les travailleurs transfrontaliers et les voyageurs partageant leur temps entre deux pays gagnent à faire enregistrer leur animal à titre complémentaire dans le second pays fréquenté. L'accès aux renseignements du fichier est autorisé aux seuls vétérinaires, membres des forces de l'ordre, municipalités et gestionnaires de fourrières, moyennant un code d'accès professionnel.

Placé sous la peau, le risque existe que le découvreur d'un animal errant n'ait pas l'idée de la présence d'un transpondeur électronique. Cet inconvénient peut aboutir à une adoption spontanée par un particulier (appropriation) ou au placement (illégal) auprès d'un foyer d'accueil alors que le circuit d'adoption réglementaire est légalement géré par les Sociétés de Protections animales et assimilées. De tels placements illégaux, réalisés le plus souvent de bonne foi, peuvent aboutir à une lecture très différée de la puce électronique. Les trafics sont fréquents.

Certains vétérinaires ne font pas systématiquement la lecture de la puce, à chaque première présentation d'un animal dans leurs cabinets. Dans ce cas, ils ne font pas bien leur métier.

Lorsque la puce est identifiée fausse ou absente au détour d'une consultation, le vétérinaire doit en informer le détenteur qui a présenté l'animal à sa consultation. Il peut l'aider à retrouver le propriétaire légitime, mais sans pouvoir le rechercher lui-même de sa propre initiative.

Les fichiers des différents pays ne sont pas interconnectés. Aussi, les voyageurs se rendant régulièrement dans un même pays étranger ont-ils intérêt à enregistrer à titre complémentaire leur animal dans le fichier de ce pays.

Nous avons la chance en France, que n'ont pas d'autres pays européens, de pouvoir utiliser simultanément deux systèmes d'enregistrement : le tatouage et la puce électronique. C'est sans aucun doute le meilleur moyen de pouvoir retrouver son animal de manière rapide. Je vous recommande de bien faire les deux, les chiots font l'objet de vols.

S'il faut choisir, le transpondeur est très largement préférable au tatouage.

Il faut faire le tatouage dès le deuxième mois, à l'occasion du premier vaccin. Le tatouage est pratiqué par un vétérinaire ou par un tatoueur agréé par le Ministère de l'Agriculture. Ce praticien est responsable de la transmission de l'information au fichier national canin.

La carte d'identification du chien vous est obligatoirement remise par le vendeur ou l'éleveur. Réclamez ce document pour votre chien, c'est un document précieux.

Par la suite, en cas de changement d'adresse, de don, de vente, transmettez les modifications à la SCC (pour la France uniquement) en utilisant la carte T, détachable de votre carte d'identification du chien. La SCC vous retournera gratuitement une nouvelle carte. C'est juste un peu long.

À l'examen de confirmation si la marche à l'allure n'est pas correcte, le juge peut également vous demander de faire procéder au contrôle des hanches par radiographie et ajournera votre chien jusqu'au retour du résultat. Le juge comparera votre chien au standard de sa race.

5 — CONSEILS À PROPOS DU MALINOIS

Il faudra une solide éducation au berger belge malinois, car c'est un chien très actif, qui a un fort caractère.
Le choix de l'éleveur sera important, car une bonne lignée vous garantira un chien conforme au standard de la race.

À la maison, l'apprentissage de la hiérarchie devra se faire dès son plus jeune âge. C'est-à-dire dès huit semaines.
Le chiot est très sensible, il ne s'épanouira pas dans un climat de brutalité, ou de bruit, ou dans un contexte trépidant. Il pourrait rapidement devenir craintif ou agressif. La confiance est le maître mot de la relation que vous devrez établir avec votre berger belge malinois. Il a absolument besoin d'attention, et de sport, si vous ne pouvez pas vous en charger, alors ne prenez pas un berger belge malinois, il sera malheureux. Le berger belge malinois est particulièrement ritualisé dans son comportement du quotidien, il est souvent « réglé comme du papier à musique » pour réagir à notre emploi du temps qui dicte le sien, mais aussi à tout enseignement. C'est d'ailleurs dans la « routine » que le malinois se sent le mieux, et c'est dans les rituels appris, et les rituels prévisibles qu'il se rassure. Au rythme de nos allées et venues, de l'éducation à nos attentes, le berger belge malinois se fabrique un « catalogue de comportements canins », qui est organisé autour de nos

activités humaines, professionnelles ou autres.

Le changement d'habitude doit se gérer, et il faudra préparer le berger belge malinois avec une immersion aussi progressive si possible, et toujours être plus proche du son malinois dans ces moments-là.

Les situations où le berger belge malinois est en stress amènent des comportements en réponse. La destruction, l'agressivité, et plus rarement la névrose risquent de se développer.

En résumé, le berger belge malinois n'est pas le chien de tous les maîtres.

Génétiquement, instinctivement, un berger belge malinois est programmé pour de l'action. Nos bergers belges malinois vivent des émotions, et ont des sentiments. Nous ne pouvons pas savoir exactement ce que ressent notre chien, mais nous pouvons l'appréhender : en avoir une idée, si le rapport que nous avons établi avec lui est de confiance et de connivence. Il n'y a rien de mystérieux, c'est simplement de l'observation.

Le modèle hiérarchique est le modèle universellement répandu. Chaque comportement du chien est interprété au sens de pouvoir et d'autorité. On parle de chien dominant et de chien soumis. Trop de dresseurs canins ont pour mot d'ordre de dominer son chien, et donc de le casser son caractère. Les professionnels, dont j'ai fait partie, et qui travaillent avec des chiens d'utilisation (police, armée, sécurité civile) sont le bon exemple. Le chien nous a donné son autorité pour que nous assurions sa sécurité et son alimentation.

Certaines personnes font des concours de beauté avec leurs chiens, c'est très bien, mais le chien n'est pas un mannequin, il faudra aussi répondre aux besoins canins. C'est pire quand des éleveurs ne font que de la beauté avec leurs reproducteurs, un berger belge malinois à besoin d'action. En résumé, les comportements «

hyper » et « hypo » sont liés aux manques de communication avec le chien et à un manque d'activité canine. Le comportement « hyper » est dit pour un chien qui tend vers l'hyperactivité. Le comportement « hypo » est un chien timide, peureux, qui refuse l'activité. Évidemment, il s'agit de tendance, il faut y observer les modulations.

Le maître doit veiller à ce que le chien ait la place qu'il doit avoir dans la famille. La famille devient pour le chien la représentation de la meute. Le rôle du chien est important. C'est au maître de fixer la hiérarchie. Un berger belge malinois essayera de s'imposer comme le chef, notamment le malinois ! La majorité des problèmes de comportements canins viennent de ce que le chien n'est pas à sa place au sein de la famille.

Le maître doit apprendre à interpréter les codes de communication du chien qui de son côté cherchera à interpréter les codes du maître.

Si vous avez des enfants, il est indispensable de leur apprendre les positions d'apaisement du chien ainsi que les postures du chien. Vous éviterez les problèmes si vos enfants ont appris à connaître les règles du chien. Aussi il faudra leur expliquer les limites de l'interaction avec le chien.

Le maître qui veut un malinois devra parfaire sa relation avec son chien et l'entretenir. Nous verrons que le malinois sait prendre des initiatives selon des codes bien précis. C'est très important, car un malinois apprend vite, et évidemment il ne fait pas la différence entre le bon comportement et le mauvais. J'ai assisté à des scènes surréalistes en club, comme forcer un chiot malinois à prendre une position de fixation. Et évidemment, il a mordu. Le chiot a associé la position de fixation à une contrainte et a réagi par peur. Quand un malinois développe de mauvaises réponses à des stimulations, c'est son éducation de base qui est en cause. Les lignes de travail, et les lignées familiales n'existent pas au sens de la race, c'est un argument de marchand. J'ai sélectionné des chiens, et j'affirme que c'est toujours les tests qui indiquent le potentiel du chien. Malheureusement, parfois un chien bien né n'a pas les qualités requises pour devenir un chien professionnel parfois un chien aux origines très simples et est excellent. Lors des sélections, le chien est toujours LOF, cela est dommage, car certainement des bâtards ont des aptitudes, mais c'est la règle.

En moyenne, il faut une vingtaine de leçons pour l'éducation de base d'un malinois de famille. L'éducation commencera dès 8 semaines et jusqu'à 18 mois. Pour un chien de garde, ou de travail, il faut au moins deux ans d'éducation et un renforcement hebdomadaire.

6 — CHOISIR SON CHIOT

Je vais d'abord, parlez de vous, futur maître, avant de vous livrer un lot de conseils sur le choix de votre malinois. La petite boule de poils, c'est tout beau, tout mignon. Êtes-vous sûrs de votre choix ?

Un chien c'est pour 12 à 14 ans de vie commune avec un compagnon.

Êtes-vous joueurs — pas de poker ou de roulette russe — mais de balle, ou de Frisbee. Le jeu est le secret pour établir une connivence avec votre chien. Si vous associez le jeu et la récompense alors ce sera gagné. Mais attention, l'usage de la récompense est un art. L'objectif n'est pas d'avoir un chien dépendant à la croquette.

Je vais faire des grincheux, mais un chien ne s'achète pas en animalerie, et surtout pas chez un particulier non déclaré comme éleveur et qui aurait de magnifiques chiots sans LOF L'élevage est depuis janvier 2016 réglementé. C'est une affaire de professionnels.

Nous allons tordre le cou une fois de plus à une idée reçue. Un chien dominant cela n'existe pas. Le chien réagit à un phénomène de meute, il ne sera jamais dominant ou soumis, il évoluera dans une palette de comportements en fonction du contexte et de son caractère. Par contre, un chien peut avoir plus ou moins de caractère, être plus ou moins craintif ou insociable. Un test vous aidera à comprendre le caractère du chiot, et l'éducation jouera alors pleinement son rôle.

Un chien garde doit avoir du caractère, avoir une tendance à l'autonomie, voire à l'indépendance.

Je vous invite à visiter le site du club de la race du CFCBB. S'il y a une portée, elle est annoncée sur le site. Et seuls les élevages sérieux qui se conforment à l'orientation du club de race sont référencés. Une fois repérée la portée, il faudra sur le site du club regarder la cotation des chiens reproducteurs de l'élevage, mais aussi les cotations en général des chiens de l'élevage. Je vous conseille vivement de contacter le club de race.

Vous devrez visiter l'élevage, il ne faudra pas décider avant. Vous prendrez rendez-vous pour une visite.

Lors de la première visite de l'élevage, faites confiance à votre instinct, soyez observateurs, questionnez l'éleveur.

Avec ce livre, vous saurez déjà beaucoup de choses. Vous allez vivre de dix à quatorze ans, avec votre compagnon. Voyons, c'est sérieux.

C'est très intime. Vos enfants joueront avec votre chien. Votre chien doit être sociable. Attention, avec un enfant ne perdez jamais le chien de vue. Quelle que soit la race du chien, cette règle est essentielle.

Pour choisir votre chiot, il y a le test comportemental élaboré par le psychologue William Campbell à la fin des années soixante, qui a été créé pour prévoir les tendances comportementales des chiots soumis aux ordres et à la domination (physique et sociale) de l'homme.

Son but est d'aider un acquéreur potentiel à choisir, à l'intérieur d'une portée, le sujet le plus adapté au milieu et à la famille dans lequel il est appelé à vivre.

Le test de Campbell est très utile si l'on n'attend pas d'autres résultats que ceux prévus à l'origine par ce test : ce n'est ni un test d'intelligence ni un test d'aptitude, et l'on ne peut donc pas considérer qu'il va nous fournir des indications allant dans ce sens. Dans quelques cas seulement, avec des races au caractère très particulier — comme le chow-chow —, le test de Campbell donne une orientation psychologique. Le test se fait entre quarante à cinquante jours, il dure une demi-heure. Vous choisirez un lieu isolé et tranquille, n'offrant pas de distraction, et clos. Il doit y avoir une entrée parfaitement identifiable. Il est indispensable que ce lieu, situé à l'extérieur ou à l'intérieur, soit absolument inconnu du chiot.

Le futur propriétaire du chiot doit demander à exécuter le test lui-même.

Si l'éleveur vous dit qu'il a déjà soumis la portée au test, demandez-lui gentiment l'autorisation de le refaire vous-même. S'il refuse alors sa notoriété est surfaite.

Vous prenez vous-même le chiot que vous envisagez et vous le conduisez dans une zone choisie pour le test en accord avec l'éleveur.

Vous ne devez pas parler au chiot, ni l'encourager, ni le caresser. Si le chiot à des besoins pendant le test, ignorez la chose et ne nettoyez l'endroit que quand le chiot sera parti.

<u>Attraction sociale</u> : Posez délicatement le chiot au centre de la zone de test et éloignez-vous de quelques mètres dans la direction opposée à celle de l'entrée. Accroupissez-vous ou asseyez-vous en tailleur et tapez doucement dans vos mains pour attirer le chiot, il doit

vous rejoindre.

<u>Aptitude à suivre :</u> Partez d'un point situé à proximité du chiot et éloignez-vous du chiot en marchant normalement. Le chiot doit vous suivre tout de suite.

<u>Réponse à la contrainte :</u> Accroupissez-vous, retournez délicatement le chiot sur le dos et maintenez-le dans cette position pendant 30 secondes environ en laissant votre main sur sa poitrine. Le chien se rebelle puis se calme.

<u>Dominance sociale :</u> baissez-vous et caressez doucement le chiot en partant de la tête et en continuant par le cou et le dos. Le chiot se retourne et vous lèche les mains.

<u>Dominance par élévation :</u> Prenez le chiot sous le ventre en croisant vos doigts, les paumes des mains vers le haut. Soulevez-le légèrement du sol et maintenez-le ainsi pendant 30 secondes environ. Le chiot se rebelle puis se calme et vous lèche les mains. Le test complet est modulable, en fonction des réponses, je vous ai donné les meilleures réponses du chiot.

Certains chiots ont tendance à réagir d'une façon agressive et pourraient même mordre. Ils ne conviennent pas à une famille avec des enfants ou des personnes âgées, car ils ont trop de caractère et sont à réserver à un maître averti qui veut faire de l'activité canine.

Certains chiots ont tendance à se faire valoir, sans toutefois atteindre des excès. Ils ne sont pas recommandés dans les familles où vivent déjà des enfants en bas âge ou d'autres chiens du même sexe. Certains chiots sont extrêmement soumis, et devront recevoir beaucoup de douceur et de gratifications pour avoir confiance en eux et parvenir à s'adapter le mieux possible au milieu humain. Ils cohabiteront difficilement avec des enfants.

À vous de situer le chiot en fonction du test. Le chiot a répondu comme je vous l'ai indiqué, il est complètement équilibré et pourra s'adapter partout, même s'il y a des enfants ou des personnes âgées. Il a un degré élevé de docilité.

Comprenez que nous n'appréhendons pas la dominance qui est un facteur lié à la meute, mais bien la docilité et donc la facilité d'éducation. Maintenant, vous pouvez réserver votre bébé chiot. Vous donnerez un acompte.

Une femelle ou un mâle. C'est au choix. Considérez qu'un mâle à plus de caractère est inexact, chaque chien est influencé par ses gènes et son environnement. Les gènes sont connus si vous prenez une lignée avec un LOF, et que vous avez pris le temps d'observer les parents et les frères et sœurs. Ce sera à vous de créer l'environnement adéquat. Vous viendrez voir l'évolution de la portée lors d'une deuxième visite dès que les chiots auront soixante jours. Vous pourrez vérifier que le chiot choisi est toujours équilibré, simplement en faisant quelques jeux. Soulevez-le, appelez-le, grattez-le, tous vos gestes seront d'abord un peu refusés, puis acceptés. S'il y a un problème là, alors entre les deux visites l'éleveur a rencontré une difficulté.

7 — L'ARRIVÉE DU CHIOT

Avant de voyager, vous avez réglé les dernières formalités, et vous avez été particulièrement attentifs aux vaccinations. Vous avez un carnet de santé, un livret des origines familiales, un carnet de vaccinations et une facture.

Pour votre voyage, sachez que le chiot est un être fragile qui va pour la première fois vivre ce qui est pour lui un drame. Alors, soyez compréhensifs envers votre chiot.

Vous ferez une halte par heure. Vous avez de l'eau, une gamelle, du papier absorbant, deux serviettes, et une vieille chemise à vous.

Pourquoi vous demandez-vous ? La chemise va beaucoup servir plus tard, car elle sera imprégnée de votre odeur, et deviendra un repère pour le chien. Lorsque le chiot entre à la maison, il faut qu'il trouve un coin prêt pour lui. Il aura un panier avec un tapis moelleux. Il faut éviter l'osier, car le chiot va déchiqueter et engloutir des morceaux. Vous aurez prévu deux écuelles si possible en acier et des jouets. Il devra y avoir deux types de jouets, pour s'amuser, et pour travailler. Ne donnez pas de jouets en mousse ou en plastique que le chiot va détruire et dont il avalera des morceaux. Je préconise une balle ronde, une balle ovale et une barre en élastomère. Je ne suis pas sponsorisé, alors je m'autorise à vous conseiller la marque Kong qui est à mon sens la plus résistante et qui est ajourée pour mettre des friandises dans les jouets. Je renouvelle peu les jouets de mes quatre chiens en privilégiant la résistance.

Le poids des chiens pèsera à terme sur leurs articulations non protégées par du poil, et cela engendrera des calcites aux coudes des pattes. Offrez à votre chiot un coussin de panier très confortable et si possible avec une housse lavable.

Il ne faudra pas donner de suite ses jouets au chiot. Vous devrez attendre au minimum trois jours avant de jouer avec lui. Ensuite, vous pourrez en laisser à la disposition du chiot.

Les jouets de travail vous les garderez pour l'apprentissage avec le chien. Cette procédure est la base de l'éducation du chien.

Le chiot en arrivant va devoir s'habituer à son chez lui et à sa nouvelle famille. Soyez patients, laissez le chiot prendre ses marques. Vous devrez attendre que votre chien soit en sécurité et se sente protégé avant de le solliciter.

À son arrivée, vous allez d'abord continuer les câlins, et doucement laisser le chiot explorer sa nouvelle maison. À ce moment-là, il y aura peut-être un besoin urgent et vous ferez comme si de rien n'était. S'il vous plaît, ne montrez pas au chien que vous nettoyez, ne marquez pas le moment des besoins sinon vous augmenterez le temps que le chiot mettra à être propre.

Si vous avez un jardin, vous pourrez anticiper le moment du besoin urgent. Votre chiot sera très vite propre.

Le chiot fourrera son museau partout, laissez-le faire pour qu'il puisse se familiariser avec son milieu. Comme il va à un moment faire une bêtise, votre première leçon d'éducation va commencer.

Vous devez savoir dire « NON » et de façon sèche. C'est très important.

Ne vous inquiétez pas, si vous devez répéter. Pendant

les deux premières semaines, c'est juste un « NON » que vous répéterez autant de fois que nécessaire. Il ne doit pas y avoir une punition. Ne vous précipitez pas au moindre gémissement du chien, sous peine d'en faire un mauvais comportement.

Le chien vit sa vie, vous vivez la vôtre. Ce n'est pas le chien qui décide.

Évitez l'accident en apprenant à bien soulever le chiot, mettez une main sur la poitrine, mettez l'autre main sous les fesses.

Après une semaine, vous ne direz « NON » que deux fois. Si le chien continue, vous n'insisterez pas. Vous changerez de stratégie. Il ne faut pas crier. Il ne faut jamais toucher le chien pour le contraindre.

Vous allez associer l'ordre « NON » à un bruit.

J'utilise une bouteille d'eau en plastique remplie de petits cailloux et bien bouchonnée. Vous lancerez la bouteille à droite ou à gauche du chien en donnant sèchement l'ordre « Non ».

Je dis de lancer la bouteille à droite ou à gauche et suffisamment loin de lui. C'est juste fait pour détourner son attention. L'erreur sera de toucher le chien avec la bouteille, car vous le rendrez peureux.

S'il vous plaît, ce n'est pas un jouet, mais un outil d'éducation, alors ne donnez pas la bouteille au chiot.

Le chiot devra rester une semaine dans sa maison avec sa famille. Il ne devra pas rester seul, car il serait désorienté et stressé. Et malheureusement, votre chiot répondra à sa façon à son déséquilibre. Oui bien sûr il y a la propreté. Pensez-vous que le chiot fera ses besoins dehors ? Essayez. Mais attention à ne pas exposer le chiot, car son système immunitaire est inexistant pour l'instant.

Après une semaine, sortez et laissez le chien seul chez vous cinq minutes puis revenez. Félicitez-le, il est resté tranquille, il sera content de vous revoir. S'il a fait un besoin, ou une bêtise, faite comme si de rien n'était. Vous pourrez diminuer le temps, et mettre trois minutes. En général, nous commençons par cinq minutes, puis dix minutes, faites-le tous les jours, et augmentez la durée. Le chien n'a pas la notion du temps. Mais, il a peur de l'abandon. Alors, transformez la notion d'abandon en attente positive. Plus tard, vous allez confier votre maison à votre chien. Alors, ne ratez pas l'éducation de base.

À partir de deux semaines chez vous le chien devra sortir et là aussi vous devrez respecter une procédure. Pour sa première sortie, le chien portera une laisse et un collier en cuir. Et surtout n'utilisez pas un collier étrangleur ou électronique.

Vous maîtrisez le premier commandement qui est le « Non ». Vous allez travailler l'ordre « Au pied ». Vous vous rendez dans un endroit calme et vous allez apprendre au chien à marcher à côté de vous. Commencez par mettre votre chien à votre gauche, puis commandez « nom de votre chien au pied » et avancez la jambe gauche. Le mousqueton doit tomber librement, le chien doit avoir les épaules à la hauteur de votre genou. Le chien doit vous suivre, mais pas vous devancer. Surtout, allez-y doucement, vous ne corrigez pas le chien, vous lui apprenez. Ne vous inquiétez pas, il comprend.

Le chien est en apprentissage. Avez-vous appris immédiatement ?

Le chiot a le droit de sortir, mais il ne doit pas apprendre un mauvais comportement. Les sorties devront être progressives en durée et en

complexité. N'exposez pas votre chiot au centre-ville un samedi aux heures de pointe.

Commencez par des balades en campagne, puis en ville dans un endroit protégé du trafic, puis petit à petit exposez le chien.

Tôt ou tard, votre chien aura peur. S'il vous plaît, n'ancrez surtout pas ce comportement. Il faut continuer à marcher. Il ne faut jamais féliciter un chiot pour un comportement inadéquat.

Je vous résume ma méthode pour le chiot : l'ancrage et le renforcement positif. Rien d'autre.

Quand on désire un peu de tranquillité à la maison, on peut utiliser un enclos pour chiot. Le chien doit avoir un repère, c'est son panier. Il doit de lui-même s'habituer à s'y rendre. C'est son coin, vous n'y allez que pour nettoyer.

Vous pouvez aussi avoir une cage de transport métallique. Il faut l'y habituer dès son plus jeune âge, en le mettant dedans.

Pour amener le chien à utiliser son panier puis à accepter sa cage de transport, il faut y placer un jouet et le coussin la chemise qui a été utilisé pour l'arrivée du chien et qui porte votre odeur. L'ancrage olfactif est une façon de rassurer le chien. Le chiot ne devra jamais être dérangé lorsqu'il se trouvera dans son coin.

8 — LA PROPRETÉ DU CHIOT

Pour votre chiot, la propreté signifie de ne faire ses besoins : ou il dort, ou il se nourrit. Le chiot doit donc comprendre la propreté ailleurs aussi.

Pour faciliter l'apprentissage, vous devez respecter quelques règles.

Distribuez la nourriture à heure fixe et si possible pas le soir tard.

Laissez manger le chien seul au calme et lui retirer sa gamelle vingt minutes après la lui avoir donnée. Qu'elle soit vide ou pas.

Toujours laisser de l'eau propre disponible.

Sachant que le chiot se soulage après l'ingestion de nourriture, sortez-le juste après avoir mangé, mais ne le faites pas courir.

Un chiot dort beaucoup, il va donc se reposer de nombreuses heures et souhaite se soulager presque automatiquement à son réveil. Sortez-le juste après le repos.

Un chiot de 8 semaines ne peut pas se retenir plus d'une heure ou 2 dans la journée, 3 ou 4 heures la nuit, donc soyez patients. Vous pouvez compter les heures et sortir le chien. Je vous assure que cela fonctionne très bien, si vous sortez le chien après les repas, après les siestes, après les séances de jeux, le soir avant le coucher et le matin dès le jour et les premiers bruits. Un malinois va vite comprendre, et viendra vous alerter.

Il ne faudra pas attendre du chiot une réelle capacité à se retenir plusieurs heures avant l'âge de 6 mois. Vous devez sortir le chien trois fois par jour au minimum.

Le chiot parfois va naturellement se soulager dans la maison, surtout ne le punissez pas. Mais n'ancrez pas ce mauvais comportement. Faite comme si de rien n'était.

Sortir le chiot souvent et dès son plus jeune âge est une évidence.

Au début, choisissez de le conduire en laisse dans des endroits tranquilles et propres.

Les endroits bruyants, très fréquentés de gens et de congénères sont à proscrire.

Il est conseillé de sortir le chiot avant ses 3 mois. Le risque infectieux est minime. Par contre pour son éducation c'est génial. Il deviendra plus vite équilibré et capable de faire ses besoins en laisse où que vous alliez. Et même si votre chiot dispose d'un jardin, cela ne dispense surtout pas de le sortir dans la campagne.

Enfin, pas de fixation sur la propreté, elle viendra entre six et huit mois.

9 — LA SOCIALISATION DU CHIOT

À partir de sa huitième semaine, le chiot peut de manière légale quitter l'endroit où il est né.

Il va falloir qu'il découvre sa nouvelle « maison » et poursuive l'apprentissage de la vie, de ce qui l'attend dans les mois et années à venir.

Des expériences nouvelles sont indispensables aux chiots pour acquérir un équilibre comportemental satisfaisant à l'âge adulte, cette confrontation avec le monde qui l'entoure devant se réaliser dans de bonnes conditions (absence d'éléments anxiogènes). Le chiot a grandi aux côtés de sa mère qui s'est occupée de lui inculquer quelques règles. Dans le meilleur des cas, il était aussi entouré de frères et sœurs avec lesquels il a pu échanger, jouer et apprendre aussi le partage. S'il a vécu à la campagne et qu'il se retrouve en ville — ou inversement —, cela constitue un premier grand changement dans sa vie. De nouveaux bruits, puis un nouvel environnement, les premiers jours, cela fait beaucoup d'un seul coup ! C'est pour cela qu'il convient de l'accueillir avec un certain calme.

Le chiot doit une semaine après son arrivée être manipulé régulièrement, mais précautionneusement, et confronté en douceur et de manière progressive aux différents bruits de la vie courante, il sera plus rapidement à l'aise.

Ensuite, il devra être confronté aux bruits, de la télévision, de la radio, de l'aspirateur, du balai que l'on passe non loin de son museau, aux voisins dans l'escalier ou le jardin, aux visites d'amis.

Le chien vacciné, vous devez sortir le plus possible sans craindre pour sa santé. Apprenez-lui progressivement à s'habituer à tous les bruits, à tous les lieux. Les petites incursions alors qu'il est tout jeune lui éviteront de nombreux problèmes plus tard dans sa vie. Et surtout, surtout, faites-lui croiser des gens. Arrêtez-vous, serrez des mains et habituez-le aux enfants de la rue qui veulent le complimenter.

Tordons le cou encore à une idée reçue, le chien ne devrait jamais être caressé par des étrangers, pour préserver son instinct de garde. Pas de chance, c'est exactement l'inverse. Il faut le socialiser sinon ce ne sera pas un chien de garde qui sait analyser un danger, mais un lion en cage prêt à bondir sur tout ce qui passe à sa portée.

Les chiots devraient être présentés à des enfants de tous les âges, s'il n'y en a pas dans la maison, trouvez-en. Par contre, il doit toujours y avoir un adulte qui supervise lorsque les enfants sont avec le chiot de manière à ce que les jeux ne deviennent pas trop houleux et que le chiot ait une expérience.

Si le chiot fait mal à l'adulte, le gros chien trouvera une manière d'arrêter le petit, soit avec un grondement soit avec un aboiement. Stoppez immédiatement votre chiot. Éduquer le chiot en l'habituant aux autres chiens est essentiel. Une des meilleures manières d'apprendre les bonnes manières canines est de permettre à votre chiot de rencontrer des chiens adultes. Les chiens adultes font attention aux chiots, c'est leur nature. Exposez le chiot progressivement à des congénères adultes, et s'il y a agressivité vous devez stopper immédiatement le chiot.

Apprenez à votre chiot à accepter d'être manipulé par d'autres que vous dès son plus jeune âge. Demandez à vos amis de procéder doucement à l'examen des oreilles, des yeux, de la queue, des gencives et des dents de votre chiot.

Donnez une petite récompense au chiot pour avoir permis ceci. Par contre, la récompense ce n'est que vous. Essayez de vous souvenir de cette règle. Ne permettez à personne de nourrir votre chien, c'est la base de l'éducation au refus d'appât. De cette manière, les chiots apprendront qu'être manipulés par tout un tas de gens est une expérience agréable et manger ce n'est que sur indication du maître. Pour les obligations de pension, il faudra que le chien soit présenté à l'accueillant et progressivement immergé (une heure en pension, puis deux...). Les traumatismes psychologiques liés au sentiment d'abandon peuvent arriver si la personne qui accueille est autoritaire.

10 — MON MALINOIS AU QUOTIDIEN

Le malinois est un chien qui bouge, qui joue, qui communique, donc c'est très important, que son maître lui offre des sorties, des jeux et surtout des interactions. Sachez qu'entre douze et quatorze mois un malinois fera certainement une crise d'adolescence et voudra se mesurer à son maître. Il faudra rester calme, ferme, et continuer à interagir. Cette phase dure deux ou trois mois.

Les moments des chaleurs demanderont de l'attention pour les mâles comme pour les femelles. Il est essentiel pour un particulier, d'avoir choisi un moyen de contraception (définitifs ou réversibles si vous souhaitez faire du concours en club de race et proposer votre chien en saillie ou votre chienne pour une portée à des éleveurs).

La majorité des problèmes de comportements canins viennent d'une éducation soit trop ferme, soit trop molle. Le berger belge malinois est probablement la race de chien la plus intelligente. Le malinois ne recherche pas la tranquillité d'un emploi du temps répétitif, mais il veut participer à la vie de <u>famille</u> ou il veut

travailler avec son maître, ou son éducateur. Cette caractéristique imposera une éducation avec des expositions variées à un maximum de situations différentes. Un malinois qui n'a pas été éduqué posera un jour ou l'autre des problèmes.

Avec un groenendael ou un tervueren, une éducation à la « dure » en fera un chien craintif, car c'est un chien qui doit avoir une confiance absolue dans son maître, ils sont de nature craintive au départ. Si vous brisez la confiance, la relation sera irrémédiablement détruite. Avec le malinois et le laekenois une éducation à la dure donnera des chiens agressifs et souvent dangereux. Une éducation à la « cool » avec un malinois donnera un chien qui passera son temps à vous provoquer et à aboyer.

Le malinois est intelligent et rapide comme l'éclair, vous avez tout intérêt à investir dans une éducation pointue. Il faudra être attentif aux enfants qui pleurnichent pour un « oui » ou pour un « non » et qui conduisent le chien à être réprimandé. Le malinois se vexe facilement et va bouder, puis la relation sera rompue.

Le malinois est à réserver à des maîtres avertis et disponibles : l'instinct peut occasionner des difficultés de comportement. Il est très actif, et a absolument besoin de beaucoup d'exercice et de travail ou de sport canin pour être canalisé.

Le grœnendael et le tervueren sont très actifs, et ont absolument besoin de beaucoup d'exercice, mais sont plus faciles comme chien de famille.

Voici quelques questions qui me sont régulièrement posées :

<u>« Lorsque mon malinois ne revient pas tout de suite. Dois-je le gronder ? »</u>

L'éducation au rappel est essentielle. Le malinois tentera sûrement de gagner du temps pour profiter de plus de jeu et de liberté, il peut donc prendre parfois son temps avant de revenir quand vous l'appelez. Cette situation peut vous énerver et vous donner envie de réprimander votre chien afin qu'il comprenne que la prochaine fois il serait préférable qu'il revienne plus vite. Cela est une erreur, car votre chien ne comprendra pas cette logique. Lui fonctionne dans l'apprentissage immédiat. En le réprimandant lorsqu'il revient, vous lui apprenez que revenir vers vous n'est pas une bonne chose. Dans ce contexte, je préconise de toujours féliciter votre chien lorsqu'il revient, de le remettre en laisse et de continuer la balade ainsi suffisamment longtemps. Un malinois est très intelligent, il comprendra que de se faire attendre à l'injonction « au pied » entraîne ensuite une privation de liberté. Ensuite, il passera à une autre stratégie qui sera de vous mordiller les fesses ou la laisse, pour vous dire qu'il aimerait rester plus longtemps. Si vous ne cédez pas, il comprendra. En principe, à partir de trois ans, il ne doit plus essayer de stratégies.

« Lorsque je remarque que mon malinois a fait une bêtise pendant mon absence, dois-je le punir systématiquement » ?

Si vous grondez un chiot en rentrant chez vous pour lui faire comprendre que vous ne souhaitez pas qu'il ait ce comportement, c'est une erreur. Dans cette situation, votre chien comprendra que vous ne voulez pas de cette bêtise, et non que vous ne vouliez pas qu'il fasse cette bêtise ! Par exemple, si votre chien fait pipi en votre absence et que vous le réprimandez après coup, il comprend que vous ne voulez pas du pipi dans la maison et il risque d'éliminer ses traces en mangeant ses excréments. Il ne comprend donc pas la situation tout simplement, car une réprimande doit toujours être sur le fait. Pour régler des comportements gênants en votre absence, vous devez ignorer le malinois au moins une heure.

« Mon malinois aboie quand on sonne à la porte, est-ce normal ? »

Il faut féliciter votre malinois puis lui donner l'ordre «

c'est bon ». Il vous obéira, car c'est un malinois et qu'il comprendra. Il est naturel qu'il prévienne, il faudra le féliciter avec une petite caresse, si après avoir prévenu il reste en vigilance et aux ordres. Si vous évitez le dressage à la brute, le malinois sera réceptif à vos consignes en matière de garde.

« Puis-je laisser mon enfant seul avec mon malinois ? »

Ne laissez jamais votre chien seul avec votre enfant ! Cette règle de sécurité devrait être connue de tous les parents. Ne prenez pas les règles de sécurité à la légère, un accident arrive malheureusement très vite. Même si en général le malinois adore les enfants, il faut surveiller.

« Mon malinois vole parfois de la nourriture, dois-je le gronder ? »

C'est une caractéristique du malinois, il faudra le prendre en « flag » pour lui interdire cela. Par contre, les pièges sont absolument contre-indiqués (genre poivre, moutarde, pétard à retardement...), car le chien doit toujours comprendre un interdit par son maître et il ne doit jamais comprendre un interdit par la peur.

Nos malinois vivent des émotions, et ont des sentiments. Nous ne pouvons pas savoir exactement ce que ressent notre chien, mais nous pouvons l'appréhender, si le rapport que nous avons établi avec notre chien est de confiance et de connivence. En observant notre chien, nous pourrons apprendre, tester puis anticiper. Il n'y a rien de mystérieux, c'est simplement de l'observation.

Le modèle hiérarchique est le modèle le plus répandu et le plus utilisé. Chaque comportement du chien est disséqué et interprété en termes de pouvoir et d'autorité. On parle de chien dominant et de chien soumis. Trop de dresseurs canins ont pour mot d'ordre celui de dominer le chien, et donc de casser son caractère. Même pour un malinois c'est intolérable. Il faut être éducateur et pas dresseur de fauves. La seule voie, que j'ai toujours utilisée est le travail de communication avec le chien. Il y a une méthode simple et efficace pour communiquer avec son chien. C'est par la connaissance que tout commence, par la pratique de la connivence qu'il faut poursuivre, et il faut vivre en interaction avec votre malinois.

<u>« Quels sont les problèmes de santé du malinois ? »</u>
Vous devez veiller lors de l'achat à ce que les parents ne soient pas touchés par la dysplasie de la hanche « dysplasie coxo-fémorale ». C'est une affection de l'articulation entre le bassin et le fémur provoquant une usure prématurée de la tête du fémur et par conséquent des problèmes de locomotion. Il faut veiller à ce que la détection des tares génétiques oculaires ait bien été réalisée sur les géniteurs, notamment une recherche de la goniodysplasie — qui est une malformation congénitale du ligament pectiné de l'œil, et il faut être attentif aux anomalies de l'œil qui peuvent affecter la vision. Il existe une atrophie progressive de la rétine qui doit aussi être dépistée dès 6 semaines. Il faudra demander les résultats des dépistages à l'éleveur. Mais je tiens à vous rassurer, le malinois est un chien plutôt robuste. Il ne présente pas de problèmes de santé particuliers, si les parents ont suivi les protocoles de dépistages, ce qui est obligatoire pour les élevages recommandés par la CFCBB. Il existe un syndrome de torsion gastrique. Vous devez faire attention. C'est un retournement de l'estomac qui arrive si le chien se met à l'effort après avoir mangé.

<u>« Comment entretient-on le poil du malinois ? »</u>
Le malinois qui est à poil court et dur ne demande pas beaucoup d'entretien. Mes habitudes sont de confier mon couple de malinois en automne et au printemps au

toilettage, je reste présent par sécurité, car une fois j'ai eu un problème mineur avec mon mâle malinois qui a refusé catégoriquement le bain.

<u>« Quels sont les vaccins à prévoir pour mon malinois ? »</u>

Il faut suivre les conseils de votre vétérinaire, pour les rappels de vaccin. Pensez à administrer un traitement anti-puce et tique pendant les saisons chaudes ainsi qu'un vermifuge deux fois par an. Le carnet de santé et le suivi médical sont obligatoires en France. En fonction des régions et des risques votre vétérinaire vous conseillera, les vaccins nécessaires ainsi que d'autres protections en fonction des régions. Surtout avant de voyager il fait contacter votre vétérinaire.

<u>« Quelle nourriture dois-je donner à mon malinois ? »</u>

Il faut le nourrir si possible deux fois par jour avec une alimentation sous forme de croquettes de bonne qualité, car une bonne alimentation est indispensable. Si le repas n'est pas consommé en vingt minutes, vous retirez la gamelle et surtout vous devez refuser le grignotage entre les repas. Si le chien fait de l'utilisation ou du sport canin, il faut compléter avec des vitamines. Pour les chiens de travail un complément en viande presque crue et en poisson et cela une fois par semaine est une bonne habitude.

<u>« La nourriture BARF est-elle conseillée pour mon malinois ? »</u>

L'alimentation à base de viande crue BARF (Biologically Appropriate Raw Food) est une approche de l'alimentation du chien que je ne conseille qu'avec un dialogue avec votre vétérinaire avant de décider. Le choix des aliments BARF s'appuie sur le respect de la physiologie propre à l'animal. Le chien étant un carnivore, on lui proposera une alimentation de carnivore, à base majoritairement de viande, d'os crus et d'abats. Ce type d'alimentation s'appuie notamment sur l'idée que les choix alimentaires des animaux sauvages sont guidés par leurs besoins biologiques. Dans la nature, les animaux choisissent instinctivement le régime le mieux adapté à leur métabolisme. Je me permets de faire remarquer que pour les animaux domestiques c'est l'être humain qui subvient à leurs besoins quotidiens. Pour les chiens de travail, l'alimentation est sèche, elle est de très bonne qualité et surtout elle est hautement digestible. Des compléments sont rajoutés en fonction du travail confié au chien.

<u>« Comment gérer la sexualité chez mon malinois ? »</u>
La maturité sexuelle du chien se produit autour du septième mois chez le mâle, et entre sept et dix mois chez la femelle. Par contre, le chien peut manifester des désirs sexuels dès l'âge de sept semaines, sous forme de jeux où l'accouplement est simulé. La femelle connaît des périodes de chaleurs ou œstrales, en général, tous les six mois. Il arrive que cet intervalle varie entre 4 et 8 mois. Ces périodes se produisent au printemps et à l'automne ; elles correspondent à l'ovulation et durent de 15 à 20 jours. La fécondation peut se produire entre le septième et le quatorzième jour. L'urine contient alors des phérormones qui attirent les mâles. La chienne a des segments généralement appelés menstruations, bien que le terme exact soit diapédèse. Il s'agit de globules rouges qui traversent la paroi. Si un mâle montre de l'intérêt, la chienne fera savoir son contentement en plaçant sa queue de côté, pour présenter son vagin. Lors de copulation, un bulbe sur le pénis du chien se gorgera de sang. Le chien ne pourra se séparer de la femelle tant qu'il ne se désengorgera pas, cela peut prendre de 15 à 20 minutes. Attention, il est très important de ne pas tenter de séparation, vous risquez de déchirer le vagin de la femelle. Il ne faut pas

considérer la stérilisation comme une mutilation qui rendra votre animal malheureux. Il faut savoir que le comportement d'une chienne dépend surtout de son instinct et de ses hormones. Les chaleurs apparaissent environ deux fois par an, et durent en général 3 semaines. Hormis deux périodes dans l'année, sachez que votre chienne n'a nulle envie de se reproduire et, contrairement aux idées reçues, elle n'a pas besoin d'avoir été au moins une fois en relation avec un mâle pour être équilibrée. Il faut savoir que la contraception par piqûres ou par comprimés n'est pas la solution optimale, mais est une bonne approche. Le traitement va supprimer les chaleurs, mais n'aura aucun effet sur les autres problèmes

hormonaux, dus à la présence des ovaires, et qui peuvent entraîner parfois des maladies. Il est important de ne pas faire l'apprenti éleveur. À titre personnel j'ai choisi la contraception réversible avec mes chiens et j'exerce une veille attentive lors des moments du printemps et l'automne, je décris là mes pratiques qui resteront toujours discutables. Pour votre tranquillité, la castration et la stérilisation sont à mon sens le plus judicieux. Un chien non castré devient fugueur et s'il est en présence d'une chienne en période de chaleur il est souvent un chien surexcité. En présence d'une femelle en chaleur, il écoutera son instinct sexuel. Il faut donc en être averti. Pour la femelle en période de menstruation elle devient plus agressive, et souvent devient aussi fugueuse, c'est une caractéristique des femelles malinois d'être très accueillantes envers les mâles de la même race.

11 — RÈGLES D'ÉDUCATION

Il ne faut jamais toucher un malinois pour le contraindre. J'entends par toucher, vouloir imposer à un chien une position. Nous n'utiliserons jamais le collier électronique ou l'étrangleur. Vous ne corrigez pas un chien, c'est juste malsain et violent, vous devez dire « Non » fermement. Dès l'apprentissage, je conseille d'utiliser un harnais de type professionnel. Tout simplement, c'est plus aisé pour le chien et moins dangereux pour son cou. Il ne faut jamais crier. Le chien perçoit les ultrasons, donc il vous entend même si vous parlez à voix basse. Surtout, la modulation de voix sera votre outil pédagogique. Vous devez vous forcer à parler normalement à votre malinois. Dans les cas d'extrême urgence seulement vous pourrez utiliser un ordre crié et ce sera l'objet d'une éducation ciblée. Si vous gâchez toutes vos munitions maintenant vous serez désarmés en cas de besoin extrême. Alors je vous conseille de parler bas, de répéter en montant un peu le ton. Évidemment, le chien peut très bien ne pas obéir, voir se rebeller, mais nous avons d'autres tactiques. Si vous associez la voix, avec un geste et un son, vous aurez « TOUT BON » et apprenez à faire la tête et à détourner le regard si votre malinois n'écoute pas. Je ne t'aime plus et je ne m'occupe plus de toi, il a horreur de cette stratégie. Même un malinois avec un brevet de défense et qui a de multiples interventions à son actif. Je vous l'affirme. Rappelez-vous que je sanctionne sur l'action par un comportement proportionné (voix, geste, et je boude) puis je lève la punition après deux minutes.

Certains se disent que ce n'est pas possible, que vous devez crier, punir, enfermer. Ne les écoutez pas... ils n'ont jamais eu à intervenir avec un malinois en zone de haut risque... ils sont juste ignorants et irresponsables. Et c'est malheureux, car leur chien n'interviendra jamais selon son instinct, car il sera dépendant et parfois même il aura peur de son maître : c'est la pire des situations. Le chiot et le chien sont deux réalités différentes, et nous devons parler d'apprentissage pour le chiot et d'éducation pour le chien. Bannissez le mot dressage. Avez-vous été dressés quand vous étiez enfants ? Pendant le jeune âge, la psychologie du chiot est complètement différente. Le chiot réagit à des stimulations de façon différente du chien. Il faut souligner que la construction mentale d'un chiot est comme une éponge prête à absorber des millions d'informations. Un chiot ne doit pas travailler plus d'une demi-heure d'affilée jusqu'à six mois, ensuite la charge augmente. Il faut commencer l'éducation du chiot tôt. Mais respectez cette règle, il faut travailler souvent, mais pas longtemps. Surtout, le travail pour le chiot est basé sur le jeu et le plaisir. Aussi, vous pouvez faire comme les professionnels et apprendre à moduler votre ton de voix, mais vous devez utiliser une voix normale pour tous les ordres quotidiens et monter la voix pour les ordres plus complexes, et les enchaînements. La première règle est de récompenser un comportement attendu, et de faire comme si de rien n'était avec un comportement inadapté. La deuxième règle est qu'il faut faire apprendre, faire répéter, puis faire associer les comportements attendus. La règle essentielle, c'est que l'apprentissage se fait toujours en utilisant le jeu et la friandise.

En conclusion, l'apprentissage se fait un utilisant systématiquement le jeu, l'association se fait par la répétition des apprentissages, l'intégration des enchaînements de comportements vient par la routine de l'entraînement. Mais surtout, la félicitation doit être le partage de la joie du maître et du chien.

12 — LES JEUX

Le principe du jeu avec le chien, c'est que tout le monde gagne, et le maître ne perd jamais. C'est une règle absolue.

Il faut utiliser le jeu pour faire apprendre. Un comportement récompensé a tendance à se répéter et un comportement réprimandé par « NON » à tendance à décroître avec le temps et parfois disparaître.

Le renforcement positif est la base de l'apprentissage par le jeu. Gagner et perdre renforce votre obstination alors vous persistez et vous vous améliorez, et un jour vous devenez un champion. Seulement, il faut gagner de temps en temps, sinon vous serez frustrés et vous abandonnerez. Soit on fera semblant de vous laisser gagner, soit on vous proposera des niveaux de jeu à votre portée, et ainsi la motivation suivra. C'est essentiel pour un malinois. Les jeux de traction sont anodins. Ils sont dérivés de la dispute pour un morceau de proie entre deux loups. C'est un jeu que le malinois adore. C'est un jeu qui renforce le mordant, et l'intensité de la prise en gueule. Si le chiot

essaye de vous mordiller, le jeu de traction doit être immédiatement stoppé.

Les jeux de rapports d'objets sont fortement conseillés pour les malinois. Vous lancez une balle. Le chien doit courir vers l'endroit où la balle est tombée. Ensuite, vous lui apprendrez à rapporter la balle, puis à vous la donner et à aller la rechercher si vous la lancez à nouveau. Attention dès que votre malinois s'énerve ou se prend au jeu, vous devez stopper immédiatement.

Un anneau flottant remplacera la balle de tennis pour jouer au rapport d'objet en milieu aquatique. Les malinois adorent jouer dans l'eau, ne les en privez pas, ils savent nager.

Le jeu de la balle jaune et de la balle rouge. Vous prenez une balle jaune, et une balle rouge. Vous insérez une friandise dans la balle jaune. Vous trouverez des balles et des jouets prévus pour insérer de la nourriture. Vous posez les basses à cinquante centimètres du chien et dès qu'il s'en approche et pousse du nez la balle jaune vous annoncez : « Balle jaune » et vous récompensez le chien. Vous devez répéter 10 fois la procédure. Ensuite, vous demandez : « Balle jaune » et, dès que le chien touche la balle, vous annoncez « Rapporte ». L'astuce est que si le chien rapporte vous extrayez la friandise et vous la lui offrez. Dès que le chien maîtrise le rapport de la balle jaune, vous enlevez la balle jaune et vous la remplacez par la balle rouge avec une friandise dedans. Suivez la même procédure en disant « Balle rouge » (au lieu de « Balle jaune »). S'ensuivent la récompense et les répétitions. Vient alors le moment crucial de la discrimination. Vous placerez les deux balles avec des friandises et vous demandez au chien « Balle jaune ». S'il rapporte la balle jaune, il est récompensé ; s'il rapporte la balle rouge, il n'est pas récompensé. Vous lui donnez, bien entendu, le droit à l'erreur. Recommencez la procédure jusqu'à ce que le chien ne se trompe plus. Ensuite, ajoutez un troisième objet, puis ajoutez un quatrième objet.

Les jeux de pistage. Vous demandez au malinois un « assis pas bougé » et vous vous éloignez en emportant sa gamelle que vous déposez à trois mètres. Ensuite, vous demandez au chien de trouver son repas en annonçant « Cherche ». Une fois que le chien a pris l'habitude, vous

dissimulez la gamelle, mais en laissant le chien voir la cachette. Ensuite, vous dissimulerez de mieux en mieux le repas, tout en restant visible, n'oubliez pas l'ordre « cherche ». Ensuite, ce sera l'étape ou le chien ne vous verra plus cacher sa gamelle, et vous lui direz « Cherche ». Une fois que le chien joue avec plaisir à chercher sa nourriture, vous allez évidemment lui faire chercher, d'abord en les humant, des objets particuliers comme des vêtements, ou autres. C'est la méthode utilisée pour former les chiens de recherche (stupéfiant, personne disparue, personne recherchée...).
La procédure de jeu est toujours à la base de la procédure de travail professionnelle.

13 — LE COMPORTEMENT

Pour être un maître averti, je pense qu'il vous faut une bonne connaissance de l'étiologie, mais aussi du comportementalisme canin.
Nos chiens s'ennuient et souffrent d'un manque d'activité. Dormir, boire, manger, être caressé, sortir en laisse pour une petite promenade résume la vie de beaucoup de nos chiens.
Génétiquement, instinctivement, un chien est programmé pour l'action. L'inaction le conduit souvent à avoir des problèmes de comportement et des troubles psychosomatiques. Ne pas répondre aux besoins de votre chien est une forme de maltraitance passive.
Nos chiens vivent des émotions, et ont des sentiments. Nous ne pouvons pas savoir exactement ce que ressent notre chien, mais nous pouvons l'appréhender, si le rapport que nous avons établi avec notre chien est de confiance et de connivence. En observant notre chien, nous pourrons apprendre, tester puis anticiper. Il n'y a rien de mystérieux, c'est simplement de l'observation.
Le modèle hiérarchique est le modèle le plus répandu et le plus utilisé. Chaque comportement du chien est disséqué et interprété en termes de pouvoir et d'autorité. On parle de chien dominant et de chien soumis. Trop de dresseurs canins ont pour mot d'ordre de dominer le chien, et donc de casser son caractère. Vous voulez un chien, calme et équilibré, alors il faudra oublier la méthode forte. Pour votre malinois, n'utilisez

pas cette méthode, vous allez trop perdre en annihilant la capacité innée du chien à l'anticipation, il deviendra une machine.

Si le chiot est destiné à faire de la garde, ou à travailler, il faut le laisser le mordiller des ballotins de tissus. Vous laissez le ballotin près du chien, naturellement il va mordiller, et ensuite vous tirez sur le ballotin, mais pas trop fort. Et surtout ne le réprimandez pas s'il grogne, c'est normal, son instinct s'affirme.

Il ne faut pas essayer de guérir un chien de l'une des deux maladies du maître : l'autoritarisme ou la faiblesse. Des chiens qui ont tous les droits développent des problèmes de comportement liés aux manques de repères et aux manques de limites. Des maitres trop autoritaires feront se développer chez le chien des problèmes de comportement liés à l'agressivité, parfois ce sera des maladies psychotiques et il faudra parfois piquer le chien, car il sera devenu dangereux.

14 — L'ÉDUCATION

Marche aux pieds avec la laisse

Quand un chien tire sur la laisse pour se mettre aux avant-postes pour renifler un emplacement particulièrement apprécié, rejoindre un camarade de jeu, faire quelque chose à sa convenance : le maître doit refuser. Sinon l'action de tirer sur la laisse deviendra la réalisation de l'objectif. Votre rôle sera de ne pas céder. Au contraire, soyez fermes pour que votre compagnon marche au pied avec la laisse. Il faut vous arrêter si le chien tire sur la laisse, puis attendre un peu et donner l'ordre « <u>non</u> ». Il n'est pas souhaitable de bloquer le chien avec sa jambe pour l'obliger à être à bonne hauteur. Chez le malinois, il est plus judicieux de changer de direction dès que vous sentez qu'il tire, de le stopper et de dire « <u>non</u> ».

Assis, couché, debout

Une friandise aide à apprendre à s'asseoir, à se coucher et à se mettre debout.

Au début, vous dites l'ordre quand le malinois

entame la position souhaitée puis vous faites un geste « main en haut pour le debout — vers le bas pour le coucher - horizontale pour l'ordre assis ». Puis vous associez un son au clicker ou au sifflet, ou vous sifflez « un coup pour l'ordre assis, deux coups pour le coucher, un seul coup très long pour le debout ». Vous terminez chaque exercice avec un ordre de fin de cours (par exemple : va jouer). N'oubliez jamais la friandise et le jouet « en fin d'exercice pour le chiot, et en fin de séance pour le chien ». Par contre la caresse c'est toujours, dès que c'est bien exécuté.

Travailler Tordre « assis » :

Prenez une friandise dans la main et tenez-la de manière à ce que le chien puisse la sentir et la lécher, mais pas la manger. Vous allez doucement déplacer la friandise de son museau vers le dessus de sa tête. Le chien va alors commencer à s'asseoir pour être plus à l'aise et suivre la friandise des yeux. Maintenant, vous enchaînez l'ordre, le geste et le son. Dès que l'arrière-train touche le sol, donnez la friandise. Avec trois signaux différents, vous éviterez la confusion, entre l'ordre « stop » ou l'ordre « au pied ».

Travailler Tordre « couché » :

Il ne faut pas travailler à partir de la position assise, c'est une hérésie qui gênera le conditionnement. Vous devez partir de l'ordre chien debout. Vous déplacez une friandise en partant devant le museau du chien et en allant vers le sol. Le chien suivra votre mouvement. Vous devez uniquement lui donner la friandise quand il est couché. Vous pouvez placer une friandise sous une chaise ou une table suffisamment basse pour que le chien se couche pour manger la friandise.

Pour apprendre, il ne faut pas donner l'ordre qu'au moment ou le chien s'apprête à prendre la position souhaitée.

Travailler l'ordre « debout » :

Le chien est au coucher, vous tenez une friandise devant le museau et vous éloignez lentement votre main en suivant une ligne parallèle au sol et dès que le chien lève les pattes arrière pour se mettre debout, à ce moment-là vous offrez la friandise.

Travailler l'ordre « Pas bougé » :

Mettez le chien à l'ordre « assis », tenez une friandise en mains, attendez dès que le chien commence à peine à bouger. Vous donnez l'ordre « pas bougé » et vous offrez la friandise.

Au fil du temps, votre chien gagnera en assurance et respectera de plus en plus longtemps la position
« pas bouger ». Vous devrez alors faire l'exercice en vous éloignant progressivement de votre malinois. Commencez par vous éloigner d'un mètre, puis vous donnez l'ordre et vous récompensez.
Avant d'augmenter la distance, il faut vous assurer que le chien ne bouge pas sur l'exercice.
Ensuite, il faudra vous cacher et laisser le chien sur place avec l'ordre « pas bougé ».
Il ne faut pas chercher l'échec, il faut patiemment ancrer les distances pour en faire accepter de nouvelles.

Le travail à distance sur les positions de base :

Le chien doit apprendre que l'ordre ne signifie pas qu'il doit prendre la position demandée en étant près de vous, mais il doit prendre la position là où il se trouve et au moment où vous la lui demandez. L'importance de la coordination du mot, du geste et d'un son devient essentielle.
Attachez votre chien à un arbre. Vous vous éloignez de 2 m, puis vous donnez l'ordre « Assis ». Rejoignez le chien et récompensez-le. Au futur et à mesure, vous augmenterez progressivement la distance vous séparant du chien. Si le chien échoue, vous repartez de la distance précédente. Avant d'augmenter la distance, il faut vous assurer que le chien ne bouge pas sur l'exercice. Il ne faut pas chercher l'échec, il faut patiemment ancrer les distances pour en faire accepter de nouvelles. Maintenant, vous recommencez le travail avec le chien sans laisse
(attention il faut être en endroit clos).
Dans le travail à distance sur les positions de base, nous incluons l'arrêt sur l'ordre « stop ». Vous marchez, et vous donnez à votre malinois l'ordre « assis » suivi de l'ordre « pas bougé », et vous faites deux pas puis vous

donnez l'ordre « au pied ». Au futur et à mesure, vous augmenterez progressivement la distance. Dans un deuxième exercice, vous demanderez à votre chien de rester « debout » et vous continuerez à marcher en rajoutant l'ordre « pas bouger ». N'oubliez jamais de féliciter votre malinois et de le récompenser. Au fur et à mesure des exercices, il n'y aura plus que la félicitation, la récompense sera donnée en fin de séance.

Au pied : L'ordre « au pied » est essentiel, il a déjà été travaillé juste avant, mais nous allons l'ancrer. Dans de nombreuses situations lorsque vous vous promenez, il s'agira de rappeler le chien, mais aussi de l'habituer à marcher au pied près de vous. Vous devez apprendre à votre chien la marche côté droit comme côté gauche. En ville, le chien doit marcher côté intérieur (boutiques).

Pour la marche au pied sans laisse. Vous débutez avec une marche aux pieds avec la laisse et vous décrochez la laisse en laissant une main sur le dos du chien. Offrez la friandise. Maintenant, vous donnez l'ordre « marche au pied », le chien suit à vos pieds. Et vous donnez une friandise, tous les dix mètres. Ensuite, vous espacez les friandises. Vous devrez augmenter progressivement la durée pendant laquelle le chien marche à vos côtés sans laisse. Pour que le chien reste concentré, donnez l'ordre « au pied » régulièrement. Faites preuve de patience, il faut absolument obtenir la collaboration de l'animal. Si vous réalisez cet exercice avec la laisse il y a de fortes chances pour que vous ne puissiez jamais le réaliser le chien en liberté.

L'ordre « au pied » doit se travailler lors de toutes les sorties. Dès le départ de votre balade, lorsque vous décidez d'enlever la laisse, vous demanderez plusieurs fois l'ordre « au pied ». La récompense sera de pouvoir laisser le chien se balader un moment librement. Bien entendu, le chien doit rester sous votre contrôle notamment s'il y a un manque de visibilité, s'il y a le moindre risque et si vous croisez d'autres promeneurs avec ou sans chien. La règle est de mettre votre chien au pied puis en laisse dès que vous croisez d'autres personnes avec ou sans chien. Si le chien déroge à la règle de rappel au pied, il doit être immédiatement mis en laisse. Pour une période qui doit durer au moins 10 minutes. Au bout de cette période, vous refaites un test, si le chien déroge à la règle du rappel au pied, le reste de la balade se fera en laisse.

L'ordre non :

« Non » est un ordre signifiant « je te l'interdis ». Une éducation digne de ce nom suppose que vous consacriez du temps à cet ordre. Bien entendu, vous pouvez choisir un autre mot que « non », l'important sera d'y associer un geste et un

signal sonore. Pour le geste et le signal sonore, il vous faut faire très attention à éviter toute confusion involontaire avec un autre ordre.

Pour le premier exercice, munissez-vous d'une récompense, tenez votre chien en laisse, et vous placez la récompense de manière à ce que l'animal puisse la voir et la sentir, mais pas l'atteindre. Au moment où le chien tire sur la laisse pour tenter d'attraper la récompense, vous donnez l'ordre « non », une seule fois. Ensuite, vous restez silencieux. À cet instant votre malinois va-t-il essayer de désobéir ? La tentation augmentera et l'exercice sera intéressant. Vous devez répéter l'ordre « non » au bout d'une minute. Puis vous augmenterez le temps.

Pendant vos promenades, vous devez régulièrement en fonction de l'attitude du chien vérifier la compréhension de l'ordre « non » lors de son éducation, l'ordre « non » indique au chien l'interdiction. Il y a des interdictions directes et des interdictions qui doivent être intégrées par le chien même sans votre présence, notamment le refus d'appât, et ne pas se jeter sur le grillage quand il y a un passant, c'est très aisé à apprendre à un malinois. Sur le chemin de la promenade, vous placez avant la balade de la nourriture sous une pierre ou un morceau de bois de façon à ce qu'elle soit à portée de l'animal, le chien découvrira la nourriture cachée.

À cet instant, vous utiliserez l'ordre « non ». Au plus, vous entraînerez le chien et au mieux il réagira au signal de l'ordre « non ». Soyez néanmoins attentifs, de ne pas utiliser le signal s'il est déjà trop tard et que le chien a touché à la nourriture. Dans ce cas, il vous faudra réprimander le malinois, par la voix, de façon ferme et nette « <u>non</u> », mettez-le en laisse et ne parlez plus au chien pendant dix minutes.

Apprendre à un malinois à donner un objet sur votre ordre s'avérera utile et indispensable en cas d'urgence. Des exercices basés sur l'échange constituent le fondement de cet exercice, évitant ainsi tout esprit d'obligations. Pour le réaliser, vous avez besoin d'haltères en bois, d'une part parce que c'est l'objet utilisé en sport canin d'autre part par ce que le chien ne peut pas avaler ce type d'objets. Au départ de l'apprentissage, vous utiliserez une balle ajourée dans laquelle vous glisserez une friandise. Vous lancez la balle. Vous donnez l'ordre : « va chercher ». Le chien ne peut pas prendre la friandise. Il vous apporte la balle. Vous donnez l'ordre : « donne » et vous lui offrez la friandise. Le plus important sera de ne pas brûler les étapes, de faire l'exercice une ou deux fois.

Un chien sur ordre qui fait demi-tour sans hésitation alors qu'il est fortement distrait par l'environnement et qui revient rapidement vers son maître a un excellent rappel. C'est seulement dans ces conditions que vous pourrez lâcher votre chien. Le principe fondamental du rappel est de ne rappeler le chien que si vous êtes sûr qu'il viendra. Pour obtenir ce résultat avec un malinois, il faut commencer par apprendre l'ordre « au pied » et le chien à moins de 2 m de vous. Vous donnez l'ordre « au pied ». Le rappel ne doit laisser aucune place à une prise de décision du chien, il doit induire uniquement une réaction immédiate. Il ne faut pas vous attarder sur le fait de savoir si votre chien va obéir. Vous devez répéter chaque jour, et savoir que ce n'est jamais acquis. Lors des balades, vous devez tester votre chien. Vous remettez le malinois en laisse, s'il échoue. Un malinois respectera vite le code : la liberté est en échange du rappel immédiat.

Le secret du rappel est d'avoir trois signaux à sa disposition (par exemple un coup de sifflet, et la main à la verticale en plus de l'ordre au pied). Votre chien devra savoir clairement ce que signifie l'ordre « au pied ».

L'ordre « Stop », et l'ordre « au pied » doivent être travaillés séparément. L'ordre au pied concerne le rappel. L'ordre stop est une demande d'arrêt immédiat en cas d'urgence avec l'arrêt du chien à l'endroit où il se trouve. L'ordre « stop » doit être

travaillé après la maîtrise de l'ordre « au pied ». Lors d'une promenade, vous changez de direction et vous observez votre chien du coin de l'œil et vous donnez l'ordre « stop ».

Le rappel et le stop doivent être travaillés à chaque sortie et plusieurs fois lors de la sortie, mais à tour de rôle. Il ne faut pas enchaîner les ordres, mais au contraire les intégrés au quotidien du chien. Au fur et à mesure, vous vous apercevrez que le chien revient comme un éclair, il est entré dans le jeu, à ce moment-là il faudra fortement le récompenser, car vous avez gagné et le lien de confiance est total.

Le risque zéro n'existe pas, il y aura toujours quelques désobéissances, même pour un chien comme le vôtre qui est au TOP. Lorsque des chiens se rencontrent, le meilleur moyen de désamorcer une situation tendue consiste à poursuivre sa route rapidement et de manière décontractée. Si vous restez sur place, vous favorisez le début d'une dispute toujours possible. Si les chiens en arrivent à cette extrémité, les deux propriétaires doivent s'éloigner l'un de l'autre dans des directions opposées ; il s'agit de la méthode la plus facile pour mettre un terme à l'agressivité. Cette option n'est possible que lorsque les deux propriétaires sont conscients de l'obéissance de leurs animaux.

Un chien qui en provoque un autre est immédiatement stoppé par son maître.

15 — L'HYGIÈNE DU CHIEN

Même si le malinois est, comme les autres bergers belges, un chien robuste qui jouit généralement d'une bonne santé. La race est relativement épargnée par la dysplasie, mais il faut cependant se tourner vers une portée dont les reproducteurs auront été dépistés par radiographie.

Le malinois a le poil court, il ne nécessite donc pas de grandes séances de toilettage. Un bon brossage régulier pour éliminer le poil mort et un brossage plus en profondeur en période de mue sont suffisants.

Les oreilles et les yeux ne demandent pas de soin plus particulier que d'autres chiens, un nettoyage est nécessaire chaque semaine.

Le malinois d'utilisation a besoin d'explorer plusieurs territoires. Qu'il vive en appartement ou en maison, il ne peut se contenter d'une simple sortie de 10 minutes. Il ne faut pas qu'il reste bloquer dans un petit jardin. Il lui faut donc une promenade quotidienne. Les oreilles : vérifiez régulièrement la propreté des oreilles de votre chien. En cas de besoin, il faut les nettoyer avec une lotion adaptée (vous les trouverez chez votre vétérinaire, en pharmacie ou en animalerie) en utilisant une « lingette » ou du coton. N'utilisez jamais un coton-tige, vous pourriez blesser votre chien en cas de mouvement brusque de sa part et de toute façon vous ne feriez que tasser les saletés dans le fond du conduit.

Les yeux : nettoyez-les régulièrement avec une lotion

spéciale. Tout écoulement anormal doit être immédiatement signalé à votre vétérinaire.

Les dents : surveillez attentivement l'état d'entartrage des dents. Le tartre est responsable de problèmes graves tels que le déchaussement précoce, la mauvaise haleine, les abcès dentaires...

Pendant la croissance de votre chien, vérifiez régulièrement sa dentition : ses dents de lait vont tomber lorsqu'il aura environ 4 mois. Cela peut passer de façon inaperçue, car il va en avaler une grosse partie. En cas de doute sur le changement de dents de votre chiot, demandez conseil à votre vétérinaire.

Les griffes doivent s'user régulièrement. Il vous suffit de pratiquer la marche sur sol dur.

Bain : vous pouvez baigner votre chiot 8 jours après le premier rappel de vaccins. Utilisez toujours un shampooing spécial chien (animalerie et pharmacie) et prenez soin de bien le sécher après (attention au sèche-cheveux qui peut lui brûler la peau si vous le mettez trop près), idéalement, l'eau du bain doit être tiède. N'abusez pas des bains.

Beaucoup de gens pensent que les chiens de berger sont plus sujets que d'autres à la dysplasie de la hanche. En réalité, cette malformation génétique peut toucher presque tous les chiens de taille moyenne ou de grande taille. Les Clubs ont été les premiers à lancer l'alarme : cela a provoqué une panique.

Mais ce risque concerne tous les chiens de grandes de tailles. La dysplasie de la hanche est une malformation ou déformation résultant d'une anomalie du développement d'un tissu ou d'un organe.

Aujourd'hui, les meilleurs éleveurs n'utilisent pour la reproduction que des sujets non touchés par la dysplasie et classés A pour la reproduction. Des radios sont réalisées sur les reproducteurs en âge adulte pour faire de la prévention. Le chien ne sera pas reproducteur s'il en est atteint. Il existe le syndrome de torsion gastrique. C'est le retournement de l'estomac. Il arrive si le chien se met à l'effort après avoir mangé. Je ne suis pas un fan de la nourriture en fin de journée, avant de dormir. Mais c'est une solution.

Je nourris mes chiens en début de matinée et j'attends la digestion.

Pensez à administrer des traitements contre les puces, contre les tiques ainsi qu'un vermifuge et un rappel de vaccin deux fois par an et il faut faire une visite annuelle chez le vétérinaire.

Le carnet de santé avec son suivi médical est obligatoire. En fonction des régions et des risques, votre vétérinaire vous conseillera, d'autres vaccins peuvent s'avérer nécessaires ainsi que d'autres protections en fonction des régions.

Une alimentation sous forme de croquettes de bonne qualité est recommandée afin de respecter les besoins nutritionnels du chien. Votre vétérinaire vous conseillera.

Pour prendre soin de votre chien, il faut vous équiper avec : ciseaux, pince à épiler, seringue antivenin, coupe griffe, attelle, canne télescopique. Attention, vous n'êtes pas vétérinaires. Il est utile de prévoir quelques médicaments chez soi et en déplacement pour assurer soins et gestes de première urgence.

Il faut : des compresses, du désinfectant, du sparadrap, des bandes, du savon de Marseille, un sérum physiologique pour les yeux, une crème antibiotique pour les plaies, de l'éther pour les tiques, un pansement intestinal pour les diarrhées. Vous faites de la randonnée, vous partez sur une nationale, organisée par la SCC ou par votre club. Vous voyagez en camping-car. Vous partez dans un gîte isolé. Alors vous devez rajouter : une boîte d'antibiotiques pour éviter les allergies, un antivomitif, une protection contre les puces, un vermifuge, une crème contre la maladie de la gale pour les oreilles et une crème anti-aoûtats.

Vous pouvez également constituer une pharmacie médicale en cas de troubles légers ou pour prendre les premières mesures d'urgence sachant qu'il vous faut consulter pour des symptômes qui durent. Voici les produits en fonction des différentes affections. Pour les problèmes de peau, il y a les antiseptiques représentés par l'alcool, la Bétadine, l'alcool iodé, le bleu de méthylène, l'eau oxygénée, l'éther ou la solution de Dakin. Attention, les produits sont souvent irritants en solution pure. La dilution dépend du produit et de son utilisation ponctuelle. Le savon de Marseille est l'antiseptique le plus simple qui, utilisé correctement, est très efficace pour la désinfection des plaies diverses.

Une plaie infectée doit être savonnée, rincée à grande eau. On applique ensuite des antiseptiques, de l'alcool ou de la teinture d'iode. L'eau oxygénée est très utile pour rendre une plaie propre. Elle permet, en effet, d'ôter toutes les traces de sang. Les sprays antibiotiques s'utilisent pour éviter les infections locales.

Pour tous les autres problèmes de peau, il vous faudra un produit contre la gale à base de lindane, un produit antimycosique pour la teigne en spray et en comprimés. Une lotion anti-inflammatoire vous permettra de lutter contre les allergies et eczémas divers.

Pour les troubles digestifs, sachez que la diarrhée est fréquente chez les chiens. Il est indispensable que votre pharmacie comporte un pansement gastrique sous forme de poudre ou de gel. Un antispasmodique pour lutter contre les mouvements de l'intestin. Un antibiotique agissant sur les germes digestifs. Pour la constipation, de l'huile de paraffine sera parfaite.

Pour les infections, les antibiotiques sont obligatoires. Attention, une ordonnance doit toujours les accompagner. Concertez-vous avec votre vétérinaire en lui expliquant que vous vous déplacez souvent même le week-end et qu'il n'est pas aisé de trouver des urgences pour chien un dimanche après-midi à Aubigny-sur-Nère par exemple.

Vous déterminerez avec votre vétérinaire la liste d'antibiotiques en fonction de votre chien.

Il est essentiel de choisir un bon élevage, qui évite les croisements consanguins et pratique une sélection rigoureuse des reproducteurs et qui vous fournira les conclusions des radios des hanches des reproducteurs.

16 — À TABLE

Comme tous les grands sportifs, le malinois a besoin d'une alimentation adaptée. En période d'entraînement et de concours, le chien doit bénéficier d'apports plus importants en protéines et en glucides. Les premières permettent de fournir des efforts importants, les secondes favorisent la pratique de l'exercice sur la durée.

En dehors des périodes d'activité, le malinois peut être nourri avec une alimentation industrielle, sèche ou humide. Un grand bol d'eau fraîche doit rester en permanence à sa disposition.

Son alimentation devra être de bonne qualité, hautement digestible et distribuée si possible en deux fractions. Comme tous les grands chiens, le malinois peut être sujet aux torsions-dilatations d'estomac, il faut donc éviter les rations trop importantes, les efforts ou le coup de stress juste après un repas.

Pour les chiens de travail, il faudra porter une attention particulière à ses articulations. Un bon échauffement est indispensable avant la pratique d'un sport. Volontaire et énergique, il a du mal à s'économiser lui-même, il faut donc le faire à sa place. C'est d'autant plus important durant sa croissance où il faudra éviter les excès d'activités.

Privilégier la qualité de nourriture c'est profiter d'un chien en bonne santé.

Vous devez nourrir votre chiot au début 2 fois par jour. Si le repas n'est pas consommé en vingt minutes, retirer la gamelle et refuser le grignotage entre les repas.

Ne tolérez jamais le museau du chien à hauteur de votre assiette (hygiène) ni le vol de nourriture sur la table : sanctionner si vous prenez le chien sur le fait par l'ordre « **NON** ».

Beaucoup de chiens manifestent des problèmes récurrents d'embonpoint. Il est essentiel d'adapter un régime alimentaire aux habitudes de vie. J'ai quatre chiens et j'avoue que j'ai quatre types de croquettes. Deux fois par semaine, je donne de la nourriture fraîche. Mais cela est personnel.

L'alimentation industrielle met à la disposition des possesseurs de chiens des spécialités adaptées au poids, à la taille et à l'âge du chien. Elle propose également des aliments correspondant à l'activité physique de chaque chien et à son état de santé.

La ration du chien doit être distribuée aux mêmes heures et au même endroit en le faisant manger seul dans un lieu isolé et calme de la maison, et toujours après ses maîtres.

L'eau est très importante, elle doit toujours être disponible. En cas de consommation excessive, il faut consulter son vétérinaire.

Il existe principalement trois types d'alimentations, l'alimentation industrielle sèche, l'alimentation industrielle humide et l'alimentation « maison ». Nous allons vous décrire ces alimentations en exposant leurs avantages et leurs faiblesses.

Sachez toutefois qu'il n'est pas recommandé de changer brutalement la nourriture d'un chien.

Il est convenu de l'habituer sous une période de 8 jours en mélangeant les deux types d'aliments.

On appelle alimentation industrielle sèche :

l'alimentation à base de croquettes. La croquette est une boulette de pâte, de riz, de viande, de poisson, de légumes et de frite. C'est un aliment déshydraté qui demande une consommation d'eau importante. Il existe des croquettes pour tous les types de chiens selon leur morphologie. Au dos du paquet, vous trouverez la ration à donner quotidiennement à votre chien. Les besoins quotidiens nécessaires à un chien adulte en activité sont totalement apportés par les croquettes. Elles garantissent une alimentation saine et équilibrée au chien en fournissant des nutriments préparés par des nutritionnistes vétérinaires et des spécialistes de l'alimentation canine.

Certains chiens n'apprécient pas les croquettes et refusent de les manger, car ils ne les trouvent pas appétissantes. Si votre chien a goûté à un autre type d'aliments, il est possible qu'il délaisse sa gamelle en réclamant sa nourriture favorite. Vous pouvez mélanger les croquettes à de la viande ou les compléter par des aliments industriels humides afin de leur donner meilleur goût.

Les croquettes sont également un moyen important de lutter contre le dépôt de tartre à cause de leur effet abrasif. Les croquettes sont recommandées par les éleveurs et les vétérinaires.

L'alimentation à base de viande crue BARF signifie en anglais « Biologically Appropriate Raw Food » ce qui veut dire en français « Nourriture crue biologiquement appropriée ». Le régime alimentaire BARF est une approche naturelle de l'alimentation du chien. Dans cette optique, le choix des aliments s'appuie sur le respect de la physiologie propre à l'animal. Le chien étant un carnivore, il convient de lui proposer une alimentation de carnivore, à base majoritairement de viande, d'os crus et d'abats. Ce type d'alimentation s'appuie notamment sur l'idée que les choix alimentaires des animaux sauvages sont guidés par leurs besoins biologiques. Dans la nature, les animaux choisissent instinctivement le régime le mieux adapté à leur métabolisme, choix que les animaux domestiques carnivores n'ont plus la possibilité de faire, tout simplement parce que c'est l'être humain qui subvient à leurs besoins quotidiens. On appelle alimentation industrielle humide : la nourriture fournie dans les « boîtes » achetées dans les grandes surfaces. Les besoins quotidiens nécessaires à un chien adulte en activité sont totalement apportés par ce type d'alimentation. La garniture des boîtes est réalisée par des spécialistes de la nutrition canine. Les boîtes doivent être maintenues au froid sous peine d'intoxication alimentaire. Le prix de revient des boîtes est deux fois plus élevé que les croquettes. On appelle alimentation « maison » : l'alimentation réalisée par vos soins. Il est indispensable de fournir au chien des aliments frais et de qualité. En dépit de l'amour des maîtres porté à leur bête, bien fréquemment la nourriture préparée est carencée en minéraux et vitamines. À l'inverse des croquettes et des boîtes, la quantité fournie est un réel problème, car souvent le propriétaire verse une quantité approximative changeante d'un jour à l'autre ce qui est source d'obésité.

Les animaux comme les hommes ont besoin d'une alimentation équilibrée et saine afin d'être en bonne santé. Contrairement à ce qu'il est fréquemment pensé, ce type d'alimentation est plus coûteux que l'alimentation industrielle et nécessite une attention particulière.

Pourquoi certains chiens se montrent-ils si difficiles, boudant la nourriture que leur maître leur présente alors que d'autres avalent tout d'un simple coup de langue ? Tout comme chez les humains, nous trouvons de gros et de petits mangeurs chez nos compagnons à quatre pattes. Il semble que l'attrait face à la nourriture soit, en partie tout au moins, sous influence génétique. On sait également qu'au moment du sevrage et jusqu'à la fin du troisième mois, il existe une phase sensible au cours de laquelle les chiots subissent toutes sortes d'influences et apprennent notamment à sélectionner dans leur environnement ce qui est comestible.

Un tel conditionnement évite à l'animal d'ingérer des choses qui pourraient lui être nuisibles. Ce phénomène peut expliquer qu'un chien refuse une nourriture qu'il n'a pas eu le loisir de goûter dans son jeune âge.

En conclusion, les croquettes sont à préférer aux aliments humides et à une ration que vous pourriez cuisiner vous-même. En effet, les aliments humides présentent de nombreux désavantages, notamment concernant la santé dentaire de votre ami. De surcroît, il est difficile de cuisiner un repas respectant parfaitement les besoins nutritionnels du chien. Les aliments ne doivent en aucun cas être distribués à volonté. Consommés sans modération, ils peuvent en effet provoquer troubles digestifs et obésité.

Il ne faut pas ajouter un supplément en minéraux à un chiot qui reçoit un aliment équilibré. Cela pourrait nuire à sa santé et provoquer notamment des malformations osseuses. Enfin, il est inutile et même nuisible de varier l'alimentation de votre chiot.

Néanmoins, si un changement est nécessaire, il doit se faire progressivement sous peine de voir apparaître des troubles gastro-intestinaux.

Devant un refus soudain et prolongé de nourriture, je ne parle pas de comportement passager, une visite chez le vétérinaire s'impose.

Si aucune maladie n'est détectée, il faut chercher une autre cause. Le chien est un être sensible. Un changement de milieu, la perte d'un compagnon humain ou animal, peut l'inciter à jeûner quelques jours. Je vous conseille d'accepter cette diète et ne pas paniquer. Si cela dure alors, le vétérinaire sera de nouveau consulté, et il faudra insister auprès de lui. Certains chiens mangent des choses non comestibles comme de la terre, des pierres, du bois, du plastique, de poteries, voire des chaussettes, etc.. , on a également retrouvé de tels objets dans les estomacs des loups italiens du début du XXe siècle.

Ce comportement, appelé Pica, semble être influencé par la génétique puisqu'on le retrouve plus spécifiquement dans certaines lignées que dans d'autres. Il n'y a pas de déficit nutritionnel chez ces sujets.

Le chien peut agir ainsi pour diverses raisons : par ennui, car il vit mal un changement, car il est en deuil. Mais souvent aussi pour attirer l'attention de ses maîtres.

Si votre chien ingère des crottes, celles d'autres chiens ou celles d'autres espèces animales, c'est parce que, pour lui, elles sont appétissantes ; c'est notamment le cas si elles contiennent de la nourriture non correctement digérée. Dire seulement « NON » fermement.

Concernant l'ingestion de ses propres crottes, malheureusement il peut s'agir d'un chien ayant été sévèrement puni pour les avoir faites dans un lieu inapproprié. La règle de base est « faite comme si de rien n'était ».

Comment leur faire passer de si vilaines habitudes ? Saupoudrer ce qu'il a l'habitude d'ingérer d'une substance forte (par exemple du paprika). Vous détournez son attention en jetant une bouteille avec des cailloux ou en faisant du bruit. Il faut récompenser le chien s'il obéit.

Mais, si votre chien ronge des bouts de bois, ça ne mérite même pas d'y faire attention !

En ce qui concerne l'obésité, diverses enquêtes approfondies montrent que dans un grand nombre de cas, elle va de pair avec de mauvaises habitudes alimentaires et de la nourriture de mauvaise qualité. Le chien obèse ne doit pas être anthropomorphisé : pas de sentiments humains. On diminue les quantités, on passe en croquettes pour chien obèse.

On fait plus de sport. Éventuellement, on associe des diètes.

Le plaisir de manger est lié à une perception subjective et personnelle des saveurs des aliments. Le goût a pour siège les papilles gustatives, petites saillies se trouvant dans la région postérieure de la langue et contenant des cellules sensorielles. Ces dernières réagissent à différentes substances chimiques et transmettent les informations reçues à des neurones reliés à l'encéphale. Les papilles gustatives se trouvent en moins grand nombre chez les chiens que chez les humains (environ 2 000 chez les premiers contre 10 000 chez les seconds). Bien qu'elles puissent différencier les substances sucrées, salées, acides et amères, elles le font aussi d'une manière beaucoup moins précise. De ce fait, nos chiens sont nettement moins gourmets que nous. L'odorat est associé si étroitement au goût qu'il est difficile de savoir lequel des deux primes quand il s'agit de préférence alimentaire, une bonne odeur de cuisson nous donne déjà faim !

Nos chiens ont une sensibilité olfactive nettement plus fine que nous. Différentes recherches ont néanmoins permis d'en savoir un peu plus : si pour les chiens l'odorat semble primordial pour la détection de la nourriture, l'odeur dégagée n'est pas le seul critère de choix, la texture et le goût jouent également un rôle important.

17 — LA SEXUALITÉ

La maturité sexuelle du malinois se produit autour du septième mois chez le mâle, et entre sept et dix mois chez la femelle. Par contre, le malinois peut manifester des désirs sexuels dès l'âge de sept semaines, sous forme de jeux où l'accouplement est simulé. La femelle connaît des périodes de chaleurs ou œstraux, en général, tous les six mois. Il arrive que cet intervalle varie entre 4 et 8 mois. Ces périodes se produisent au printemps et à l'automne ; elles correspondent à l'ovulation et durent de 15 à 20 jours. La fécondation peut se produire entre le septième et le quatorzième jour. L'urine contient alors des phérormones qui attirent les mâles. La chienne a des segments généralement appelés menstruations, bien que le terme exact soit diapédèse. Il s'agit de globules rouges qui traversent la paroi. Si un mâle montre de l'intérêt, la chienne fera savoir son contentement en plaçant sa queue de côté, pour présenter son vagin.
Lors de copulation, un bulbe sur le pénis du chien se gorgera de sang. Le chien ne pourra se séparer de la femelle tant qu'il ne se désengorgera pas, cela peut prendre de 15 à 20 minutes. Attention, il est très important de ne pas tenter de séparation, car cela risquerait de déchirer le vagin de la femelle.
Si vous voulez faire s'accoupler deux chiens, il est préférable d'emmener la femelle chez le mâle, car ce dernier peut refuser de copuler en territoire inconnu ou

s'il a peur. Il est à noter que le mâle est le seul à posséder un os dans le pénis, appeler os pénien. Il arrive qu'il y ait des cas d'homosexualité chez le mâle. Ce comportement est dû à une frustration sexuelle. Cette frustration peut provoquer de l'agressivité et des fugues. Chez la femelle, les fugues sont un peu plus rares, mais elle peut devenir surexcitée.

De nombreuses personnes ont aujourd'hui encore du mal à prendre la décision de faire stériliser leur chienne. Pourtant, si vous ne désirez pas faire un élevage, c'est la meilleure solution pour éviter à votre animal de nombreux problèmes de santé.

Il ne faut pas considérer la stérilisation comme une mutilation qui rendra votre animal malheureux. Il faut savoir que le comportement d'une chienne dépend surtout de son instinct et de ses hormones. Les chaleurs apparaissent environ deux fois par an, et durent en général 3 semaines. Hormis ces deux périodes de l'année, sachez que votre chienne n'a nulle envie de se reproduire et, contrairement aux idées reçues, elle n'a pas besoin d'avoir été au moins une fois en relation avec un mâle pour être équilibrée.

Il faut savoir que la contraception par piqûres ou par comprimés n'est pas la solution optimale, mais est une bonne approche.

Le traitement va supprimer les chaleurs, mais n'aura aucun effet sur les autres problèmes hormonaux, dus à la présence des ovaires, et qui peuvent entraîner parfois des maladies. Mais dans la nature la louve n'est pas stérilisée. Pour moi le problème est surtout de ne pas faire l'apprenti éleveur.

La stérilisation chirurgicale a pour but l'ablation des ovaires, avec ou sans l'utérus. Cette opération est très commune et pratiquée par tous les vétérinaires. Certains vétérinaires conseillent de faire stériliser la chienne entre les premières et deuxièmes chaleurs. Chez les malinois entre quinze et dix-huit mois, c'est bien, mais prenez conseil auprès de votre vétérinaire. Vous pouvez également opter pour la ligature des trompes. Mais sachez que cette intervention ne supprime pas les chaleurs. Votre chienne ne pourra simplement pas avoir de petits.

La stérilisation augmente les risques de prise de poids. Il est très important de surveiller l'alimentation de la chienne pendant les 3 mois qui suivent l'opération et de lui faire faire de l'exercice. Sachez enfin qu'une chienne stérilisée aurait tendance à vivre plus longtemps qu'une chienne entière, car elle aurait moins de risques potentiels de santé. Je ne sais pas, discutez-en avec votre vétérinaire et prenez plusieurs avis.

Aujourd'hui encore, de nombreuses personnes ne veulent pas castrer leur chien, par crainte que

l'animal soit malheureux. Il faut savoir que le comportement du chien dépend surtout de son instinct et de ses hormones, et qu'il ne sera pas malheureux s'il est castré. S'il n'est jamais en présence d'une femelle en chaleur, un chien n'éprouvera pas le besoin de se reproduire. Ainsi, la castration, contrairement aux idées reçues, ne vient pas perturber l'équilibre général d'un chien.

La situation est au contraire plus compliquée s'il est stimulé par la présence de femelles, mais qu'il n'y a pas de contact physique. Le chien sera alors surexcité et il faudra avoir recours à un traitement hormonal pour le calmer. De plus, sachez que les risques pour la santé de votre animal seraient plus nombreux s'il n'est pas castré. Mais dans la nature, le loup n'est pas castré.

La castration se fait vers l'âge de 10 ou 12 mois, avant la puberté.

Les problèmes de santé rencontrés chez les chiens non castrés seraient essentiellement concentrés autour des testicules et de la prostate :

Un chien non castré devient fugueur en période de chaleurs et souvent surexcité. En présence d'une femelle en chaleur, il n'écoutera que son instinct sexuel et ignorera vos rappels à l'ordre. Il faut donc en être averti, et au moins utiliser la castration médicamenteuse en étant prévenant dans les deux périodes à risque.
La vasectomie est une ligature des canaux spermatique, le chien reste capable de saillir.
À titre personnel, je suis surpris du discours des comportementalistes canins qui sont en même temps vétérinaires et prônent la satisfaction des besoins primaires du chien, mais veulent la contraception irréversible. Avouons que l'acte chirurgical qui rapporte entre 200 et 300 euros reste la contraception.
À titre personnel, je pratique la contraception réversible avec mes chiens et une veille attentive lors des moments du printemps et l'automne.
Pour mes femelles. La stérilisation temporaire et réversible fait appel à des hormones de synthèse empêchant la survenue de l'ovulation, mais aussi des chaleurs. Les molécules utilisées sont en général des dérivés de synthèse de la progestérone (progestagènes ou progestatifs). Il faut les utiliser en anoestrus, pour retarder l'apparition de l'œstrus ou en début de prooestrus, pour interrompre les chaleurs. Les progestagènes exercent une action hormonale qui va aboutir au blocage de la maturation des follicules et de l'ovulation. L'emploi de progestatifs étant accompagné d'un certain nombre de complications, il conviendra, avant de les utiliser pour la contraception, d'avoir une bonne connaissance du cycle œstral de la chienne. Il faut faire réaliser un examen médical préliminaire par un vétérinaire pour détecter une pathologie qui constitue une contre-indication à l'utilisation de ces molécules. Il conviendra d'être prudent quant à l'utilisation des progestatifs surtout chez les lévriers.

Pour mes mâles je recours à la castration chimique avec implant de Desloreline sous le nom de Suprelorin. Ce dernier libère des hormones en continu qui castrent chimiquement le chien pendant environ 12 mois. La stérilité est effective dans les 4 à 6 semaines après l'implantation. Les effets sont complètement réversibles. L'implant s'injecte sous la peau sans anesthésie générale et ne gêne en aucun cas l'animal. Plusieurs implants peuvent être injectés à la suite.

Je ne suis pas vétérinaire, donc j'invite le lecteur à comprendre que je partage mon expérience. Il faut lire, s'instruire, échanger sur ce sujet, car une contraception définitive est un choix important.

Je ne fais pas d'élevage, mais j'accepte en fonction des femelles ou mâles qui me sont indiqués par des élevages, des reproductions. Seulement cela m'impose de faire les radiographies et les tests ADN. Je trouve dommage si les chiens sont magnifiques, en conformité au standard, de ne pas participer au maintien de la race. Mais si vous ne souhaitez pas vous plier aux contraintes médicales imposées aux reproducteurs, alors choisissez la contraception définitive.

Mais de grâce que les théoriciens arrêtent de dire des contre-vérités. Les fugues, les bagarres entre mâles, les comportements de domination, se gèrent très bien par l'éducation et par une attention
soutenue en période de chasse des femelles.

Disons la vérité, il y a d'autres raisons comme les trafics, la concurrence entre particuliers et professionnels, et l'intérêt économique des vétérinaires.

L'élevage est un métier, il est réglementé et protégé. La majorité des éleveurs sont d'excellents professionnels. Sachez que la consanguinité doit être maîtrisée, et que le brassage entre lignées est absolument nécessaire pour éviter les tares génétiques. Des particuliers avertis avec

des chiens sélectionnés qui travaillent avec des éleveurs,
c'est une bonne chose. La reproduction sauvage est un
vrai fléau.

18 — UN ÉLEVEUR SÉRIEUX

L'éleveur doit être agréé par le Club français du chien de berger belge, et vous proposer des reproductrices et des reproducteurs de hautes lignées qui auront été testés et auront participé à des concours de nationale d'élevage avec une notation « excellent ».

Avant la première maternité, l'éleveur doit avoir fait radiographier les hanches des reproducteurs et fait coter les clichés par la commission du club de race, qui délivrera à l'éleveur le certificat officiel de cotation. Un test ADN des reproducteurs aura été réalisé, avec une vérification de paternité, mais aussi une recherche des tares oculaires sur les reproducteurs. Demandez à l'éleveur d'accepter de vous laisser avec le chiot qui vous intéresse et faites le test de Campbell.

L'âge idéal pour l'achat d'un chiot se situe entre 8 et 9 semaines. Il doit avoir sa puce, et son tatouage si possible. Il aura reçu une primo-vaccination pour les 3 maladies garanties par la loi : Maladie de Carré, Parvovirose et l'Hépatite.

L'éleveur doit vous remettre

une facture, un carnet de vaccination, un certificat de naissance, un dossier d'identification, un Lof ou un PréLof, et les copies des certificats de dépistages et des tests sur les géniteurs. S'il est vraiment professionnel, il vous remettra un sachet des croquettes utilisées par l'élevage pour éviter un changement brutal de nourriture. Et il vous donnera les premiers conseils de base. N'oubliez pas de faire vacciner votre chiot à partir de 4 mois avec un rappel chaque année.

84

19— ADRESSES UTILES

CLUB FRANÇAIS DU CHIEN DE BERGER BELGE
190 route du Boulay 78950 GAMBAIS
mfvarlet@sfr.frhttp :
http://www.cfcbb.fr/

SOCIÉTÉ CENTRALE CANINE
155 avenue Jean Jaurès CEDEX., 93535 Aubervilliers
01 49 37 54 01
amclass@aol.com
http://www.scc.asso.fr/

Le code de la propriété intellectuelle n'autorise que les « copies ou reproductions strictement réservées à l'usage privé du copiste et non destinées à son utilisation collective » ainsi que les analyses et les courtes citations, « toute représentation ou reproduction intégrale ou partielle faites sans le consentement de l'auteur ou des ayants droit ou ayant cause est illicite » (art. L. 122-4). Cette représentation ou reproduction, par quelque procédé que ce soit, constituerait donc une contrefaçon sanctionnée par les articles L. 335-2 et suivant du Code de la propriété intellectuelle.

Le droit d'auteur français est le droit des créateurs. Le principe de la protection du droit d'auteur est posé par l'article L. 111-1 du code de la propriété intellectuelle (CPI) qui dispose que « l'auteur d'une œuvre de l'esprit jouit sur cette œuvre, du seul fait de sa création, d'un droit de propriété incorporelle exclusif et opposable à tous. Ce droit comporte des attributs d'ordre intellectuel et moral ainsi que des attributs d'ordre patrimonial ».